新概念阅读书坊

BUKESIYIDEZHONG GUO

不可思议的

SHENMIQI'AN

中国神秘奇案

主编◎崔钟雷

吉林美术出版社

图书在版编目（CIP）数据

不可思议的中国神秘奇案 / 崔钟雷主编 . —长春：
吉林美术出版社，2011.2（2023.6 重印）
（新概念阅读书坊）
ISBN 978-7-5386-5238-3

Ⅰ.①不… Ⅱ.①崔… Ⅲ.①中国 – 古代史 – 青少年
读物Ⅳ.① K220.9

中国版本图书馆 CIP 数据核字（2011）第 015623 号

不可思议的中国神秘奇案
BUKE–SIYI DE ZHONGGUO SHENMI QI'AN

出 版 人　华　鹏
策　　划　钟　雷
主　　编　崔钟雷
副 主 编　刘志远　杨　楠　芦　岩
责任编辑　栾　云
开　　本　700mm×1000mm　1/16
印　　张　10
字　　数　120 千字
版　　次　2011 年 2 月第 1 版
印　　次　2023 年 6 月第 4 次印刷
出版发行　吉林美术出版社
地　　址　长春市净月开发区福祉大路 5788 号
　　　　　邮编：130118
网　　址　www.jlmspress.com
印　　刷　北京一鑫印务有限责任公司
书　　号　ISBN 978-7-5386-5238-3
定　　价　39.80 元

前　言

　　书，是那寒冷冬日里一缕温暖的阳光；书，是那炎热夏日里一缕凉爽的清风；书，又是那醇美的香茗，令人回味无穷；书，还是那神圣的阶梯，引领人们不断攀登知识之巅；读一本好书，犹如畅饮琼浆玉露，沁人心脾；又如倾听天籁，余音绕梁。

　　从生机盎然的动植物王国到浩瀚广阔的宇宙空间；从人类古文明的起源探究到 21 世纪科技腾飞的信息化时代，人类五千年的发展历程积淀了宝贵的文化精粹。青少年是祖国的未来与希望，也是最需要接受全面的知识培养和熏陶的群体。"新概念阅读书坊"系列丛书本着这样的理念带领你一步步踏上那求知的阶梯，打开知识宝库的大门，去领略那五彩缤纷、气象万千的知识世界。

　　本丛书吸收了前人的成果，集百家之长于一身，是真正针对中国少年儿童的阅读习惯和认知规律而编著的科普类书籍。全面的内容、科学的体例、精美的制作，上千幅精美的图片为中国少年儿童打造出一所没有围墙的校园。

编　者

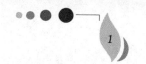
目录

地理之谜

文化之谜

WENHUA ZHI MI

中华图腾"龙"之谜

在中国文化中，龙有着重要地位和影响，从距今七千多年的新石器时代，龙的标识就渗透在中国社会的各个方面，成为一种文化的凝聚和积淀。

图腾指一个氏族的标记或图徽。处于氏族社会的原始人相信本氏族起源于某一动物、植物或其他特定物类，并认为这种物类是其氏族的象征和保护神，因而对其加以特殊爱护并举行各种崇拜活动。古往今来，有一种神圣的动物形象深深地扎根于海内外亿万炎黄子孙的心中，那就是无处不在、无所不能的"龙"。

龙的文化

人们将中华文化称为"龙的文化"，将中华儿女称为"龙的传人"。

在辽阔的神州大地上，处处都体现着"龙的文化"，彰显着对龙的崇拜。以龙为名的山川村镇不计其数：龙岗、龙城、龙泉……以龙命名的中式建筑不胜枚举：龙门、龙壁、龙亭……以龙为名的民俗比比皆是：龙舟、龙灯、龙笛……以龙为名的商家、以龙为名的人就更是数不胜数。古代皇帝自称"真龙天子"，金碧辉煌的宫殿里描绘着龙，雕刻着龙，

简直就是"龙的世界"。现实生活中以龙为图案的服饰、器物、玩具随处可见，甚至言谈话语之间也离不开龙："龙凤呈祥""龙马精神""藏龙卧虎"……神话中的龙更是千变万化，能大能小，呼风唤雨，上天入海……人们喜爱它、赞颂它、崇拜它。龙成了吉祥的象征，更成为中华民族权威和神灵的象征。

龙是什么样子呢？千百年来人们在头脑中不断地勾画着它的形象。它集九种动物的特征于一身：头似驼、角似鹿、眼似兔、耳似牛、项似蛇、腹似蜃、鳞似鲤、爪似鹰、掌似虎。这些特征更给龙的本来面目蒙上了一层神秘的色彩。

 ## 图腾佐证

专家和学者们经过多年的研究和考证，初步揭开了中华民族龙的崇拜之谜：龙是古老的炎黄子孙的"图腾"。

考古工作者在出土的文物中，找到了龙作为我国古代先民图腾的佐证：

西安半坡仰韶文化遗址中，有陶壶龙纹；

江苏吴县良渚文化出土的器物上，有似蛇非蛇的勾连花纹；

内蒙古红山文化遗址中出土了墨绿色的工艺品玉龙……

大量实例证明，对龙的崇拜在我国至少有 5000 年以上的历史。

那么，龙到底是真实的存在，还是虚无的幻象呢？

如果是幻象，那么，它又是根据何种动物想象出来的呢？

有的专家学者持这样一种看法，龙是由鱼或蛇演化而来的。

最原始的龙的形象是西安半坡仰韶文化遗址中出土的陶壶龙纹。它的形象与后世的龙雏形相似，为蛇身鱼形，是仰韶文化先民的图腾崇拜。在山西襄汾夏墟遗址也曾发现与半坡遗址相似的龙纹。据此，有的学者指出，后世的龙的形象，基本由半坡鱼纹演变而来。从半坡到夏墟的原始龙纹的演变来推测，最早的龙应该是生活在水中的一种蛇状的长鱼。夏人和仰韶文化时期的古人为什么把它作为图腾标志呢？有人推测是因为当时的人们常常面临洪涝灾害，所以期望人类能像龙鱼那样在水中自由自在地生活，于是就把龙鱼当成民族的保护神来崇拜。

近来更有学者认为，"龙"在古代确实存在，只不过它不叫龙，也不像人们想象的那样神奇。它就是一种巨型鳄——蛟鳄。这种鳄的外形，如头、眼、项、腹、鳞、爪、掌等都与"龙"相似。蛟鳄的寿命很长，可以达到数万年以上。有些鳄类动物具有一些奇异的功能，例如可以敏锐地感受到大自然气压的变化而预知晴雨。每到下雨之前，便常常怒吼不止，其声如雷。古代先民无法解释这种现象，便视其为神兽，拜它为雷神、雨神或者鼓神。还存在一种可能，远古人类过着狩猎和游牧生活，和不同的野兽打交道，从没见过蛟鳄这种如此神秘、如此具有威胁性的动物，因而害怕它，崇拜它，把它看做是地神、水神和战神，再由此逐渐演化为"龙"，使其更具神秘感。

据说，以蛟鳄为图腾的，还有古代巴比伦、印度和玛雅文化的先民。

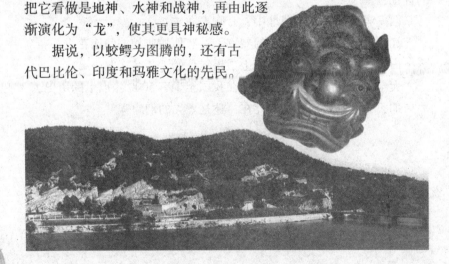

龙生九子

而中国龙的形象更是千姿百态，中国自古传说"一龙生九子，九子各不同"。

螭吻：喜欢登高望远，能喷浪降雨，因而它通常被装饰在建筑物的屋脊上，用以防火。

蒲牢：爱吼叫，喜爱音乐，因而它常被用来装饰大钟，做钟顶的钟纽。

赑屃：样子像龟，善于背负重物，还喜欢文字，爱扬名，因此，常让它驮石碑。

狴犴：样子像老虎，是威力的象征，因此把它装饰在监狱的大门上，用来威吓罪犯。

饕餮：生性贪吃，所以人们把它装饰在盛装食物的器皿上。

狻猊：样子像狮子，喜欢烟火，它一般被装饰在香炉上。

椒图：样子像螺蚌，善于封闭和保护自己，因此人们把它装饰在大门上，用来守门。

睚眦：传说中它性情凶残，爱争斗厮杀，所以它被装饰在刀剑的柄上。

虫八蝮：平时最喜水，所以它大都被装饰在桥头柱、桥洞和桥栏等处。

正因为它们的性格和爱好各不相同，所以它们常以各种不同姿态出现在具有古代风格的建筑和器物之上。

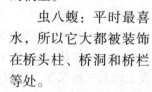

中国最早的"文字"之谜

早期的文字有两个来源：一个是图画，另一个是记号。由这两个来源创造出的字就是象形字和指事字。

考古学家发现，我国最早用刻画符号的方法记事产生于仰韶文化早期（公元前5000年—前4300年），而公元前6000年的老官台文化则是最早出现的采用彩绘符号来进行记事的文化。这些彩绘符号画在了一些钵形器的内壁，大约有十余种，有的似连续的水波或折线，有的只是单位的符号。这些彩绘符号都具有一定的记事意义，而图画文字最早见于大汶口文化晚期（公元前3000年左右）。

大汶口文化

大汶口文化是黄河下游地区的新石器时代文化，因1959年发掘于山东省泰安县大汶口遗址而得名。

大汶口文化分布在山东省、江苏北部、河南东部一带，体现了新石器时代当地原始人类的社会经济文化生活状况。大汶口文化的居民在前人刻木、结绳记事的基础上，开始使用一种刻在陶器上的最初的文字。大汶口文化中使用的陶文，在时间上早于殷商时期的甲骨文。从笔画形体上看，甲骨文继承了陶文的某些造字方法，因而，陶文成为迄今为止我国发现的最早的图画文字。

大汶口文化遗址出土的船形彩陶壶。

中国文字的发展经历了一个漫长的过程才演变为今天的形式。

复杂的陶文

　　到目前为止，在大汶口文化遗址中共发现了9种符号，其中有6种已可解释和译读。宁阳堡头遗址出土的1件陶背壶上有一个用朱红颜料书写的笔画复杂的文字，释读为"萃"字，即花朵的象形文。莒县陵阳河遗址出土了4个灰陶樽，樽口沿下面相同的部位上分别刻有形状各异的文字符号。这4个字，有2个为象形字，一个像长柄的大斧，释为"钺"字；一个像短柄的锛或锄类，释为"斤"字。另外两个类似会意字，有人认为是同一个字的简体和繁体的2种写法。一个字的字形为小舟或山上顶着太阳，释为"旦"或"岳"；一个字的字形像是在"火"和"晶"上再加了一座五峰的山，释为"炅"或"嚣"字。在陵阳河向东100千米的诸城前寨上发现了1块陶器残片，上面有刻画后涂了朱红颜色的文字，与陵阳河陶文中的"晶"或"嚣"字的结构完全相同。由此可见，这些笔画工整、繁复多样的陶文，在当时已经具有相对规则的结构并趋于固定化，而且相同的字反复出现于不同地点，写法则像出于一人之手，很可能是文字使用比较普遍的缘故。

　　关于这些图画文字的性质，在学术界存在着不同的看法。有的认为该已是文字，有的认为它们还不是文字。主张已是文字的又有尚属初步发展和已属比较进步的文字之别。主张不是文字的也有程度不同之分：有的认为它们只是原始记事范畴的符号或图形体系；有的认为它们与后来汉字的形成有很大关系，是一种原始文字。从现有的全部资料来分析，后一种看法是比较有说服力的。

首先，这些刻画的图形虽然有一些与实物十分相像，但并不是一般的图画。否则就不会专选某种器物，如大口樽陶器，并在专门的部位，用同一种刻画方法来做。况且有些图形已有相当程度的抽象化，笔道简练，且结构又有一定的规律，成为一种相互联系的图形体系，所以说它是可以用来记事和传递信息的符号。

当然，文字也是一种可以记事和传递信息的符号。它与非文字符号的区别，不仅在于信息载荷量加大，更在于它是以记录语言为特征的，是语言的符号化，非文字的符号是不具有这一功能的。现在没有任何证据表明大汶口文化的图画文字已能记录语言，因为我们现在所见的都是单个的图形，无法组成表达完整意义的句子，而语言正是以句子为基本构成单位的。

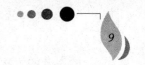

"太极国" 之谜

 国的传统文化博大精深，"太极"与"八卦"是中国道家
文化的典型代表，那么，看似简单的太极图中又蕴含了怎样的
秘密呢？

"太极图" 之谜

"太极图"又称"先天图"或"天地自然之图"，是中国上古文
化中最神秘的一张图，也是人们众说纷纭、莫衷一是、争议极多的
一张图。

相传，太极八卦图是古代圣人伏羲氏首创，在"五经"的"周
易"中，有详细的记载和说明。古人认为：无极生太极，太极生两
仪，两仪生四象，四象生八卦，八卦生六十四卦，这是太极化生八
卦的基本理论。在对《易》学的研究中，太极图有着重要的作用。

这张图既简单又复杂。说简单，只有黑白两色；说复杂，它却
穷尽了天地万物的道理。

"太极图"的图案起源很早，据传，古"太极图"绘于三千多
年前的夏商之际或年代更久远的陶器上。圆圈内画有 S 形曲线，黑
白阴阳点是后来添加上的。现在的"太极图"，一般认为是北宋的周
敦颐所制。唐代《真元妙品经》有太极先天图与周制相似之说。

另一种说法是，"太极图"的作者有神、人之分。先天的"太
极图"为伏羲所画，后天的"太极图"为周文王所绘。还有一种说
法是，"太极图"源自汉代魏伯阳的《周易参同契》。

中国古老的"太极图"，对现代科学有着多方面的贡献。德国数
学家莱布尼茨是现代电子计算机二进位制的创始人，他正是从中国

的古老的太极八卦图中得到启发和帮助，灵机一动，成功研制出二进位制的。1701年秋末，莱布尼茨正在苦思冥想研究乘法机，这时他的一个法国传教士朋友从北京寄给他《伏羲六十四卦次序图》和《伏羲六十四卦方位图》，莱布尼茨从这两张图中受到了极大的启发，他发现，八卦是象形文字的雏形，由坤卦经艮、坎、巽、震、离、兑到乾卦，正是由零数到七，这八个自然数所组成的完整的二进位制数形。八卦中的"－－"叫做阴爻，相当于二进制中的"1"，而八卦中的"—"叫做阳爻，相当于二进制中的"0"。六

太极图是研究周易学原理的重要图像，它包含了天地万物的共通规律。

十四卦正是从 0 到 63 这 64 个自然数的完整的二进位制数形。在数学中八卦属于八阶矩阵。

中国古老的"太极图"不仅启发了莱布尼茨，从中受益的还有外国学者、专家戈德伯格。戈德伯格在"太极图"的启发下，认为环腺一磷和环鸟一磷是体内两种对立的调节系统，与东方医学中的"阴阳"相似，很可能是"阴阳"的物质基础，从而提出了生物控制的"阴阳假说"，在分子生物学的研究领域中，占据了一定的学术地位。

"太极图"是中国古老文化的精粹，图中所蕴含的玄奥哲理启迪着每一个探索的灵魂。"太极图"以综合概括的方式容纳着多种思维，也开创启发了更多种思维范式。因此，今人对这张年代久远的古图产生越来越多的疑问：它的创制者受到什么启发绘制了"太极图"？"太极图"的作用还有哪些呢……

秦始皇"焚书坑儒"之谜

提起秦始皇，人们就会想起"焚书坑儒"这一典故，但是秦始皇到底有没有"坑儒"呢？秦始皇统一六国以后，采取了一系列的措施，以便加强中央集权。在完成政治上的诸多加强控制的举措之后，秦始皇便开始了精神上的控制。

由于当时社会上百家争鸣，严重阻碍了秦始皇对征服的原六国民众思想的统一，并威胁到了秦朝的统治。公元前213年，秦始皇在咸阳宫为群臣及众多的儒生大摆酒宴。在宴会上，围绕着是否实行分封制，众多儒生之间发生了激烈的争论。丞相王绾、博士生淳于越等人主张实行分封，而丞相李斯等则赞同郡县制，并指责淳于越等"不师今而学古""道古以害今"。最后秦始皇支持李斯的观点，并采用、实施李斯的"焚书"建议，下令：除了秦纪（秦国史书）、医药、卜筮、农书以及国家博士所藏《诗》《书》、百家语以外，凡列国史籍、私人所藏的儒家作品、诸子百家著作和其他典籍，统统按时交官焚毁。同时，禁止谈及《诗》《书》和"以古非今"，违者定当严惩乃至判其死罪。百姓如想学一些法令，可拜官吏为师。从这一点来看，焚书的举动秦始皇肯定做过。

秦始皇称帝以后，力求长生不老，迷恋仙道，不惜动用重金，先后派徐福、韩众、侯生、卢生等人寻求仙药。侯

生与卢生当初是秦始皇身边的方士，由于长期为秦始皇求仙人和仙药，却始终没有找到，而心急如焚，忐忑不安。依照秦国的法律，求不到仙药就会被处死。因此他们深发感慨：像这样靠凶狠残暴而建立威势并且贪婪权势的人，不值得给他求仙药。于是，侯生、卢生悄悄地远走他乡。

这件事使秦始皇十分恼怒，于是他下令，对所有在咸阳的方士进行审查讯问，欲查出造谣惑众的侯生、卢生两人。方士们为保全自己的性命，只得相互告发，秦始皇最后把圈定的460余人，都在咸阳挖坑活埋。

秦始皇的"坑儒"是"焚书"的继续。至于坑杀的人究竟是方士还是儒生，学术界各持己见。从分析"坑儒"事件的起因看，秦始皇所坑杀的人应该是方士；但从其长子扶苏的进谏"众儒生都学习孔子的学说"来看，秦始皇所坑杀的又好像是儒生。

而且东汉卫宏在《诏定古文官书序》中记载，秦始皇在骊山温谷挖坑用以种瓜，以冬季瓜熟的奇异现象为由，诱惑诸生集于骊山观看。当众儒生争论不休、各抒己见时，秦始皇趁机下令秘杀填土

而埋之，七百多名儒生全部被活埋在山谷里。于是有人便根据这一点而偏向于传统的说法，认为秦始皇确实有过"坑儒"的行为。

但有人研究诸史籍，认为"焚书"有之，"坑儒"则无，实是"坑方士"之讹。"坑方士"事见始皇三十五年，因为侯、卢二人求仙药不成，他们惧"秦法不得兼方，不验辄死"，骂了秦始皇一番后逃走。既然事端由方士引起，那么就只能是"坑方士"，当然不能说被杀的四百六十余人中没有儒生，而全是方士，但是由其代表人物可推知，被杀的主体应该是方士，而被杀的原因更与儒家的政治主张和学派观点无关。所以即使被杀者有儒生，也并非因其为儒生而得罪，总是与方士们有某种牵连之故。因此绝无理由说秦始皇"坑儒"。尽管秦始皇早因"坑儒"之举背上千古骂名，然而，直到今天，秦始皇究竟有没有"坑儒"，这一谜团还是没有解开。

"秦始皇陵"的"地宫"之谜

距今西安东20千米处有一座山势高耸，青翠秀丽的山峰，这就是骊山。在骊山脚下，人们发现了震惊世界的巍峨皇陵——秦始皇陵。两千多年过去了，陵上辉煌的建筑已荡然无存，但众多的谜团仍充斥着人们的脑海。当时的地宫到底什么样？装秦始皇尸体的棺椁是否可以移动？秦始皇陵为什么没有皇后陵陪伴……如此众多的问题，困扰了人们几千年，但谁都没有找到一个圆满的答案。

建筑结构之谜

关于秦始皇陵地宫的结构和建筑材料，在浩瀚的史籍中多有记载。从汉代的司马迁到北魏的郦道元，从有据可查的正史到真假难

辨的野史，都对秦始皇陵及其地下宫殿有过或多或少的描述。但这些饶有趣味的材料，内容庞杂且神秘莫测。经过考古学家精心的研究，现在已经对秦陵地宫的规模有了一个大概的认识：秦始皇陵冢经过漫长的历史巨变，其高度已由原来的115米缩减到46米，周长由原来的2087.6米缩小到现在的1390米，但仍然可见当时秦始皇陵规模的宏大。咸阳宫是秦始皇生前治理国家政务和享

乐的地方，陵墓则是他灵魂的最终归宿地，秦始皇希望自己归天之后，也能享受到在咸阳宫时的权力和快乐，所以地宫的建筑结构也模仿了咸阳宫。据考古专家推断：秦始皇陵墓室底的平面形状类似于一个长方形，底面积19200平方米，相当于48个国际标准的篮球场。地宫有斜坡式墓道，垒石做墓基，中心部位放有棺椁，象征着

咸阳宫，四周置一些回环相连的隧道和别室、耳室，象征咸阳宫周围的离宫别馆。墓顶上绘天文星象图，墓底下凿江河湖海并灌之以水银。各种金玉珠宝分藏在各室中。这些推断已较多地被考古工作者所证实，如勘探发现的斜坡墓道、封土中心区的强汞异常含量等。

秦始皇棺椁之谜

人们不禁要问：这位千古一帝的棺椁又是什么样子的呢？关于秦始皇棺椁的样式，杨先民先生曾在美国出版的《地理杂志》上用一幅颇为生动的图画来描述：一条用水银聚成的河流中漂着一只龙舟，龙舟上承载着装有秦始皇尸体的棺椁。对于这幅生动形象的插图，有研究者认为，在摹拟的宫殿和山岳之间，有水银做成的河流穿绕的判断是有根据的。但秦始皇的棺椁是否可游移，还值得商榷，因为《史记》在记述地宫用水银做百川、江河、大海时，还用了"机相灌输"的字样，说明设计者是想通过机械推动水银流动，再用"灌输"的力量反过来推动机械运动。如此往复不已，以期达到水银流动不辍的目的。但从常理来看这只能是设计者的一厢情愿，地宫中的"水银河"无法也不可能长期流动，它只能在机械的推动下缓缓地流动一段时间，然后进入枯竭状态。"水银河"不能流动，那上面承载的棺椁就更不可能移动了。而地宫中的"水银河"是否流动？推动"水银河"流动的神奇机械是什么样的？这些问题本身就是一个谜。

陵墓长明灯之谜

古代陵墓大都装有长明灯，秦始皇陵地宫也不例外，司马迁在

《史记》中就明确记载了秦始皇陵以"人鱼膏为烛"。"人鱼膏烛"就是用鲸鱼的油脂做成的烛，秦始皇希望他的地宫永远亮如白昼，这显然是不可能的，因为一旦隔绝空气，燃烧也就成为泡影了。所以秦始皇地宫内的"长明灯"应早在两千多年以前就熄灭了。

马王堆汉墓女尸千年不腐曾使人们产生这样的联想：秦始皇的尸体是否依然如故？史书记载，秦陵地宫已穿越了"三泉"，地宫内部肯定有堵塞或排出地下水的设施。有的专家推断，秦陵地宫的地下水是先用冶钢锢其内，再塞以纹石，其次涂漆，最后涂丹，从而堵塞了地下水，防止地下水渗入地宫内。这种推断固然有其道理，但仅凭这样的办法能否彻底堵住地宫内的渗水还未有定论。

🔖 皇后棺椁之谜

从布局上看，秦始皇陵俨然是一个活生生的现实社会，内外城墙、寝殿、官署、珍兽坑、马厩坑等等应有尽有。但有一点让人生疑，那就是陵园内没有发现皇后陵。有人认为，这是由于秦始皇死后皇后仍健在，秦王朝又很快覆灭了，所以仓促之中皇后没有安葬在陵园内。如果是这样的话，那么在陵园内应该预留有皇后陵的位置，而从现在秦陵的布局来看，根本没有皇后陵的插足之地。那么，为什么秦始皇死后不需要皇后的陪伴呢？有人推测：这是由于秦始皇未成年时，太后专权，与奸党酿成祸乱。有鉴于此，秦始皇当政以后便有意降低皇后的身份，不让皇后出头露面，因此在修陵园时也是一墓独尊，不留皇后的墓穴。的确，历史文献上真的没出现过秦始皇皇后的名字，这在历史上也是一个谜。

西汉巨额黄金突然消失之谜

从秦汉时期开始，黄金成为主要的流通货币，然而在东汉年间，黄金突然消失，退出流通领域。西汉时期的巨额黄金到哪里去了呢？说法有四，一种是佛教耗金说，一种是外贸输出说，一种是黄金为铜说，一种是地下说。但不论是哪一种解释都无法自圆其说，西汉巨量黄金失踪之谜仍是一个未解的疑团。

在我国古代秦汉时期，黄金为主要的流通货币，赏赐、馈赠动辄上千万。楚汉战争时期，陈平携黄金 40 万两，到楚国行反间计；刘邦平定天下后，叔孙通定朝仪，得赐黄金 5000 两；吕后死后，遗诏赐诸侯王黄金各万两；梁孝王死后，库存黄金 400 万两；卫青出击匈奴有功，受赐黄金 200 万两；王莽末年，府藏黄金以 10 万两为 1 匮，尚有 60 匮，他处还有十多匮……秦汉黄金之多令后世惊奇，但到东汉年间，黄金突然消失，退出流通领域，不仅在商品交换中重新流行以物换物，而且赏赐黄金也极少见了。那么，西汉时的巨量黄金到哪里去了呢？后世学者给出了种种推测和考证。大体有佛教耗金说、外贸输出说、黄金为铜说和地下说四种。

佛教耗金说

自从佛教传入中国以后，各处都修建寺庙、雕塑佛像，不论京城大都还是穷乡僻壤，各种佛像都用金涂。加上当时风俗侈靡，用泥金写经，贴金作榜，这样积少成多，日消月耗，就把西汉时期大量的黄金消耗殆尽。但是，有人提出了不同观点，他们认为佛教耗金说既违历史又悖情理。因为史书明确记载，佛教传入中国是在东汉初年，当时的佛教在中国初来乍到，只能依附于中国传统的道家和神仙思想，根本不会大张旗鼓地修寺庙、塑佛像，所以用不了

那么多黄金涂塑像，即使有其耗废量也微乎其微，不至于导致巨额黄金突然消失。而且西汉巨额黄金退出流通领域是在东汉开国时期就发生了，当时佛教还没有传入中国。

外贸输出说

西汉巨量黄金突然消失是因为对外贸易而导致黄金大量流向国外。这种说法显然也与事实相违，因为西汉时期，中国是世界上经济和文化都很发达的国家，是商品输出国，只有少量的黄金流到西域用来购买奇珍异宝。与之相反，西汉时期丝绸之路开通后，中国

向西方输入了大量的丝绸、布帛和瓷器，换来了大量的黄金。如当时的罗马帝国，为了获得中国的丝绸产品，用大量的黄金进行交换，甚至有的学者认为，罗马帝国经济之所以衰退就是因为用大量黄金换取中国的丝绸。

黄金为铜说

也有人认为，史书上记载的西汉时期大量黄金实际上指的都是"黄铜"，所以才会数量巨大。因为从历史上看，从秦汉黄金开采量上看，从对外贸易看，西汉不可能冒出那么多黄金。人们惯以"金"称呼钱财，有可能把当时流通的铜称作"黄金"。这种说法也于理不通，因为汉代时金、铜区分极明显，朝廷分别设立金宫和铜宫来管理金矿与铜矿的开采；黄金、铜钱都是当时流通的货币，黄金为上币，铜钱为下币；黄金主要用于赏赐、馈赠，铜主要用于铸钱和铸造一些器物。黄铜和黄金泾渭分明，根本不可能混淆。

地下说

地下说有两种，一种认为黄金以金币的形式窖藏在地下；一种认为黄金被作为各种金器金物随葬在墓中。前一种观点以科学家们对地球黄金开采的预测为根据，科学家预测，自古至今人类在地球上共开采了超过 9 万吨的黄金，而现在留在世上的只有 6 万吨，其余 3 万多吨都被窖藏在地下。而且考古工作者也不断在地下窖中发现西汉黄金。由此说明西汉大量黄金突然消失，是因为有人将黄金窖藏于地下，后因战乱或其他灾害，藏主不是死了就是逃亡了，致使这些藏金失传。地下窖藏说似乎很科学，而且还有考古发掘实物为证，西汉黄金消失之谜仿佛可以解开了。但是仔细分析就会发现，这种说法也有它的漏洞，因为无论是私人还是国家贮存巨量黄金的金库总是有证可取的，怎么会一场战争或一场天灾人祸后，所有的黄金拥有者都死去或无法找到自己的财宝所在了呢？如果说一部分因窖藏而消失还可以理解，而那么巨大数额的黄金都是因窖藏而不知所踪则令人难以信服。后一种观点的依据是汉代盛行厚葬之风，大量的黄金作为殉葬品被随葬在墓里。西汉时期朝廷规定天下贡赋的三分之一供宗庙，三分之一用以赏赐、馈赠那些忠于朝廷的文臣武将和敬待外国来宾，剩下的三分之一则用以营造陵墓，构建再生世界。而黄金作为当时的上等货币，是财富的象征，其三分之一用于随葬是完全可能的。而且这个推理和今日科学家的预测不谋而合。但事实上，许多汉代的坟墓自埋葬日起就已成了盗墓者们的众矢之的，因为汉朝有用玉衣随葬的习俗，再加上随葬的大量黄金，这么巨大的财富肯定不会被盗墓者放过。埋葬在地下的种种奇珍异宝，为何唯独黄金奇迹般地消失了呢？

看来以上几种说法都无法自圆其说，西汉巨额黄金的突然失踪仍是一个未解之谜。

马王堆古尸千年不腐之谜

对于古人的生活状况，历史学家们不仅仅致力于从古籍和化石的研究中探寻，还将目光集中在那些神秘莫测的古墓中。

发现千年古尸

湖南马王堆古墓中出土的这具神秘女尸，震惊了全世界。人们无比惊讶，为什么历经 2000 年的漫长岁月，这具女尸不但外形完整，而且面色鲜活，发色如真！经过解剖，其内脏器官完整无损，血管结构清晰，骨质组织完好，甚至腹内仍存有一些食物。仿佛这具女尸不是千年的遗留，而是刚刚死去。这千年不腐的女尸，带给了人们一个个不解之谜，困扰着许多历史学家。

1972 年，考古工作者在湖南马王堆发掘出 3 座西汉墓葬。墓前有斜坡墓道，墓顶有封土冢，是长方形的竖穴木椁墓。其中 1 号墓的土冢高 5~6 米，墓扩口长 20 米、宽 17.9 米。土扩墓口从上到下有 4 层台阶，深 16 米。墓内有 4 棺 1 椁。棺为重棺，外棺为黑漆素

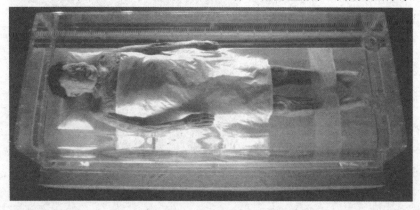

棺，2 层棺为彩绘棺，3 层棺为朱地彩绘棺，内棺髹漆，内红外黑，并饰以绒圈锦和羽毛贴花绢，盖板上覆盖着帛画一幅。

内棺的墓主人是一位约 50 岁的女性，她全身裹殓着各式衣着和 18 层丝麻织物制的装被，这些都浸泡在 20 厘米深的茶色液体里。

由于尸体保存得非常完好，使得各地前来的专家、学者得以在解剖学、组织学、微生物学、寄生虫学、病理学、化学、生物化学、生物物理学、临床医学以及中医中药学等诸多学科进行深入地合作和研究。通过肉眼及病理组织、电镜观察、X 射线、寄生虫学研究、毒物分析等的研究，女尸的死亡年龄、血型、疾病、死因等诸方面已经有了结果。研究结果显示墓主人生前患有多种疾病和损伤性症状，可能死于冠心病。

古尸为何能不腐呢

一般来说，古墓中的尸体留至今天，只有两种结果：一是腐烂。因为随葬品中大量的有机物质必然在有空气、水分和细菌的环境里很快腐烂，棺木也会腐朽，最后尸体也难免烂掉，只剩下骸骨，甚至碎末。二是形成干尸。这是在极为特殊的气候条件下形成的。在特别干燥或没有空气的地方，细菌微生物难以生存，尸体迅速脱水，

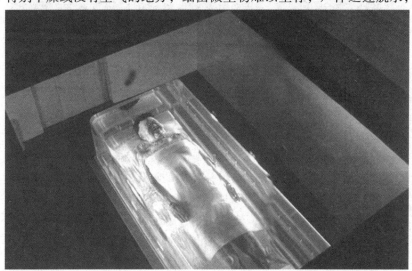

成了皮包骨的"干尸"。

马王堆的女尸为何成为"湿尸"而不腐烂，据考查有五方面的原因。

其一，尸体的防腐处理得好。经化学鉴定，它的棺液沉淀物中含有大量的硫化汞、乙醇和乙酸等物。这说明女尸是经过了汞处理和浸泡处理的，其中硫化汞在尸体防腐固定上的作用是很明显的。

其二，墓室深。从墓室的条件看，整个墓室建筑在地下16米以下的地方，上面还有底径50～60米、高二十多米的土堆。既不透水也不透气，更不透光。这就基本隔绝了地表的物理和化学影响。

其三，封闭严。墓室的周壁均用黏性强、可塑性大、密封性好的白膏泥筑成，泥层厚1米左右。在白膏泥的内面还衬有厚为0.5米的木炭层，共五千多千克。墓室筑成后，墓坑再用五花土夯实。这样，整个墓室就与地面的大气完全隔绝，并能保持18℃左右的相对恒温，这不但隔断了光的照射，还防止了地下水流入墓室。

其四，隔绝了空气。由于密封好，墓室中已接近真空，具备了缺氧的条件，使厌氧菌得以繁殖。在椁室中存放的丝麻织物、漆器、木俑、乐器、竹简等有机物，特别是陪葬的大量的食物、植物种子、中草药材等，产生了易燃的沼气，从而加大了墓室内的压强。

其五，棺椁中神奇的棺液起到了防腐和保存尸体的作用。据查，椁内的液体约深40厘米，而棺内的液体约深20厘米，但它们都不是人造的防腐液。那么，这些棺液是哪里来的呢？经科学研究分析，椁内的液体是由白膏泥木炭、木料中的少量水分、水蒸气凝聚而成的，而内棺中的液体则是由女尸身体内的液体化成的"尸解水"等形成的。正因为有这种自然形成的棺液才防止了尸体腐败，并使得尸体的软组织保持了弹性，肤色如初，栩栩如生。

千年的亡魂，在重见天日之时，随同所有出土的文物，散发着迷人的光芒，让人流连于不解的迷宫长廊之中。

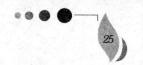
"金缕玉衣" 之谜

希望长生不老、灵魂永存是古代皇帝梦寐以求的事，所以他们千方百计地寻找长生不老药、喝甘露、吃炼丹丸等。由于这一切都是为了长生不老，所以他们将求生的欲望也寄托在死后的裹尸衣上，这就出现了汉代特有的玉衣。玉衣是什么样的呢？它是如何制成的？是否真的可以使尸体不腐呢？

汉朝时的"金缕玉衣"

玉衣是汉代皇帝、诸侯王和高级贵族死后专用的一种殓服，史书上称"玉匣""玉柙"，但它的形状究竟是什么样的，从汉代以后就无人知晓了。1968 年，考古工作者在河北省满城县的一座小山丘上，发现了西汉中山靖王刘胜和他妻子窦绾的墓。在刘胜和窦绾棺内的尸体位置上，散落着许多小玉片。经过考古工作者的精心修整和研究，终于复原出了 2 套完整的玉衣，使我们第一次看到了玉衣的真面目，从而解开了这个千古之谜。

楚王汉墓内的金缕玉衣，其制作所耗费的人力和物力是十分惊人的。

复原后的这两套玉衣的外观和人体形状一样，分为头部、上衣、裤筒、手套和鞋5大部分，各部分都由许多长方形、三角形、梯形、圆形等形状的玉片组成，玉片上有许多小的钻孔，玉片之间用纤细的金丝加以编缀，所以又称为"金缕玉衣"。刘胜穿的玉衣形体肥大，头部的脸盖上刻画出眼、鼻和嘴的形状，腹部和臀部突鼓，裤筒制成腿部的样子。窦绾的玉衣比较短小，没有做出腹部和臀部的形状，可能是出于对女性形体造型的避讳。刘胜的玉衣全长1.88米，由2498片玉片组成，用于编缀的金丝约重1100克。

"金缕玉衣"的雏形

玉衣早期是什么样的呢？据一些学者的研究，汉代的玉衣是由先秦时期的"缀玉面饰"演变而来的。所谓"缀玉面饰"，就是将做成眉、眼、鼻、口形状的玉石片，按一定形状排列，缀附在织物上，再覆盖在死者面部。这种缀玉面饰就是汉代玉衣的雏形。最早的缀玉面饰出现在河南三门峡市西周晚期的虢国墓地中。战国时期，缀玉面饰是一种颇为流行的丧葬礼俗。汉武帝以前的诸侯王墓中尚未发现完整的金缕玉衣，但出土有金缕玉面罩、玉帽、玉手套和玉鞋，这是缀玉面饰向玉衣的过渡形式。目前发现的汉代玉衣有二十多套，除金缕玉衣外，还有银缕玉衣、铜缕玉衣和丝缕玉衣，编缀玉衣材料的不同，代表着死者身份的不同。据汉代文献记载，汉代皇帝死后使用金缕玉衣，诸侯王等使用银缕玉衣，大贵人、长公主使用铜缕玉衣。但中山靖王刘胜是汉景帝刘启的儿子、汉武帝刘彻

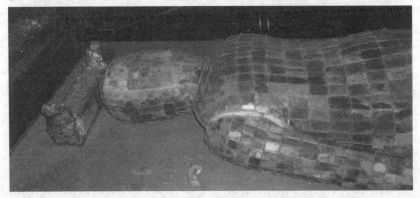

中山靖王刘胜的金缕玉衣是目前最具代表性的玉衣，是难得的艺术瑰宝。

的庶兄，按规定他只能以诸侯王的身份使用银缕玉衣，为什么却越级穿金缕玉衣呢？研究专家认为，玉衣等级的严格规定，是在东汉时期才形成的，因为在东汉时期的诸侯墓中就再没出土过金缕玉衣。身为诸侯王的刘胜都能穿如此华贵的金缕玉衣，那贵为天子的皇帝玉衣是什么样子的呢？史书记载，汉武帝的玉衣玉片上雕刻着蛟龙、鸾凤、龟麟等纹饰，被称为"蛟龙玉匣"，在玉衣片上雕刻花纹，想必除了加强装饰效果，让玉衣有华贵之感外，还要体现皇帝的高贵身份，因为对此没有考古发现的实物作为依据，汉代皇帝的玉衣对我们来说还是一个未解之谜。

玉衣的用途

那么，为什么汉代人喜欢用玉衣做殓服呢？这与当时人的迷信思想有关。在汉代，人们深信玉能使尸体不朽，玉塞九窍，可以使人气长存。所谓九窍就是指两眼、两鼻孔、两耳孔、嘴、生殖器和肛门。出土的玉衣经常就搭配有用玉做成的眼盖、鼻塞、耳塞、口含、罩生殖器的小盒和肛门塞。

"金缕玉衣"的制作之谜

如此精美的玉衣究竟是如何制作出来的呢？这让今天的人们疑惑不解。玉衣的制作是一个非常复杂的过程，所用的玉料要经过开料、锯片、磨光及钻孔等，每一片玉片的大小和形状都必须经过精心的设计和细致的加工。据测定，玉片上有些锯缝仅 0.3 毫米，钻孔直径仅 1 毫米，工艺流程之繁杂、精密程度之高令人惊叹。整个玉衣制作过程所花费的人力和物力是相当惊人的。据推算，汉代制作 1 件玉衣，约需 1 名玉工至少十余年的努力。

曹操的 72 座陵寝之谜

在东汉末年的政治动荡中，曹操作为一个乱世之枭雄、治世之能臣而活跃在中国北方的政治舞台上。他生性多疑，却又雄才大略；他心狠手辣，却又爱惜民力；他"挟天子以令诸侯"，却又甘愿做"周文王"；他提倡薄葬，却又至今无人知晓其墓葬在何方。

从秦始皇开始，历代帝王都把陵寝作为社稷汀山的象征，他们从登基之日起，就开始建造陵墓。这些陵墓工程浩大，费时数十年，耗力几十万民夫，更不用提耗费了大量金银，陪葬了数不尽的财宝。

而曹操对自己的后事，却提出要"薄葬"。218 年，曹操颁布了一道《终令》，明确提出他死后不要厚葬，要将自己埋葬在瘠薄的土地上，依照地面原有的高度作为圹基，陵上不堆土，不植树。当时，曹操虽未称帝，但权力与地位不亚于帝王，为什么他却提倡"薄葬"呢？历史学家们分析原因有二。

节俭的曹操

据说，曹操对家人和官吏要求极严。曹植的妻子因为身穿绫罗，曹操就按家规下诏令其"自裁"。宫廷中的帷帐屏风，缝补之后一用再用，不舍得换新的。有一段时期，天灾严重，粮食、资财匮

乏，曹操带头不穿皮革制的衣服。冬天，朝廷的官员们都不敢戴皮帽子。

狡猾的曹操

据说，曹操年轻时曾干过盗墓的勾当。他亲眼目睹了陵墓被盗后尸骨无存的场面，他不愿自己的墓被践踏，所以一再要求"薄葬"。除了实行"薄葬"之外，曹操还采取了"疑冢"的措施。曹操生性多疑。生前，他因多疑，错杀了许多人；死后，他很怕那些人的亲人来报复他。因此，在他安葬的那一天，邺城所有的城门全部打开，72 具棺木从东南西北四个方向，同时从城门出发，将曹操埋在 72 个不同的地点。

这 72 座疑冢，哪座是真的呢？

1700 多年来，盗墓者不计其数，但谁也没发掘出真正的曹操墓。

漳河累累漳水头，如山七十二高丘。

正平只有坟三尺，千古安眠鹦鹉洲。

据此诗推测，曹操的墓应在古邺城西边的漳河沿岸。南宋诗人

范成大 1170 年曾到此拜谒曹操陵。但并不确定他拜的就是真陵。据说，军阀混战时期，东印度公司的一个古董商人挖了十多座疑冢，但是除了土陶、瓦罐之类的东西外，一无所获。

1988 年，《人民日报》登载了一篇文章《"曹操七十二疑冢"之谜揭开》说："闻名中外的河北省磁县古墓群最近被国务院列为第三批全国重点文物保护单位。过去的民间传说中被认为是'曹操七十二疑冢'的这片

古墓，现已查明实际上是北朝的大型古墓群，确切数字也不是 72，而是 134。"至此，疑冢之说似乎不攻自破了。

但是，关于曹操尸骨到底埋于何处，至今仍然是个谜。

铜雀宫观委灰尘，魏之园陵漳水滨。

即令西湟犹堪思，况复当年歌无人。

由这首诗推断，曹操墓在漳河河底。

这里有两个传说作为佐证。一个是清人沈松的《金健笔录》中说，有一捕鱼人在漳河床内，他发现地下有一个石门，进入石屋他找到了曹操的尸体，还有几个陪葬女；另一个是蒲松龄的《聊斋志异》说许昌城外山洞，洞内藏着曹操棺椁。虽然二者都叙述得有板有眼，但也仅仅是虚构的传说，经不起推敲，难以令人相信。

《彰德府志》载，魏武帝曹操陵位于铜雀台正南 5 千米的灵芝村。据考察，这也不属实。

还有一种说法是，曹操陵在其故里谯县的"曹家孤堆"，还有三则典故来论证：

其一，《魏书·文帝纪》载："甲午（公元 220 年），军治于谯，大飨六军及谯父老百姓于邑东。"《亳州志》载："父帝幸谯，大飨

父老，立坛于故宅前，树碑曰大飨之碑。"曹操死于甲午年正月，二日入葬，如果是葬于邺城的话，那魏文帝曹丕为何不去邺城而返故里？

其二，《魏书》说："丙申，亲祠谯陵。"谯陵就是曹氏孤堆。这里曾有曹操建的精舍，又是曹丕的出生之地。曹丕祠谯陵，一是不忘故土，二是祭先父曹操。其三，亳州有庞大的曹操亲族墓群，其中有曹操的祖父、父亲、长女等人之墓。可推断，曹操的坟墓也当在此。

这种说法仅仅是猜测而已。曹丕祠谯陵完全可能是祭祖，不一定非得祭曹操。祖先坟在此，不一定曹操墓也在此。

面对"曹墓不知何处去"的疑惑，人们对曹操的奸诈多疑可能有了更深的认识。

但是，不管怎么说，在那个战乱频繁、社会动荡的时代，身居高位的曹操一生节俭，带头"薄葬"，我们都不得不承认这是有积极意义的。

一千八百多年来，曹操的真正陵寝还无踪迹，也许这又是个永远无法解开的谜。

敦煌石窟之谜

历史上的甘肃是西域与中原地区交流的中转站，而甘肃境内的敦煌可以说是居于中转站的要塞地位，因此它自然而然成为当时中西方文化、贸易交流的中心；对于"东传"的佛教，它理所当然是近水楼台先得月，逐步发展成名副其实的佛教圣地。

石窟由何人建造

随着交通的进步，曾经绚烂一时的丝绸之路日渐没落，远在甘肃省境内的这个佛教圣地内所孕育的丰富的文化宝藏也随之被淡忘了。

直到 1900 年，正当八国联军大闹北京城的时候，一位虔诚的道士王圆箓竟然在敦煌的石窟群中，十分偶然地发现了一间堆满经书、抄本、佛像画、塑像的石窟。

这个石窟群位于鸣沙山附近，窟内建筑有如蜂窝，每个小石窟内部都有一尊雕刻得美轮美奂的佛像，而且在石壁上精绘着壁画。据历史学家、考古学家研究判断，这是在前秦（公元 366 年）时开始大兴土木，直到元朝初期才完成的工程。这里约有石窟

1000 个，佛像共计 48 万尊，真是一项令人震惊的浩大工程。

可是，石窟究竟是谁修建的呢？石窟中有关佛学的书籍又是谁在研究呢？各国史学家纷纷组成了调查团进行研究，企图找寻一个答案。据史实记载，这里曾被许多凶悍的游牧民族入侵过，诸如吐蕃、回纥、西夏、吐鲁番……在经过频繁的战乱侵扰后，这些珍贵的文化财宝竟然丝毫未受到损害，难道真的是"佛法无边"？还是即使野蛮民族也震慑于佛祖的神威，不敢擅自毁坏呢？对此，无人知晓。

我们只能如此猜测：一群群皈依佛门的僧尼们，为了表示发自内心的虔诚，于是自愿雕琢一尊乃至数尊神像作为他们诚心修业的表征。如此，一代又一代人精心地雕琢着，终于造就了这番空前绝后的伟业，也把中国人的耐心、毅力、智慧发挥得淋漓尽致。

当然，这只是一种大胆的假设，至于真相如何，我们尚未揭开，但是相信在不久的将来，这团迷雾终会消散。

"昆仑奴" 之谜

唐朝前期全国统一，经济繁荣，文化昌盛，是当时世界上最富庶的国家之一，因而对其他国家产生了吸引力，亚非很多国家的使臣、留学生、商人和学问僧潮涌而来。唐朝是一个繁荣、开放的王朝，在当时的首都长安，聚集了全世界各地各种肤色的人种。在这些人种中，阿拉伯旅行者是其中比较活跃的一批人。他们穿越漫漫黄沙，骑着骆驼，弹着竖琴，在乐声中款款而来，风尘仆仆的倦容掩不住对大唐文化的神往之情，其中最为特别的是黑皮肤的人。

出土于唐代裴氏小娘子墓中的黑人陶俑为我们提供了关于唐朝时来到中国的黑人的直观形象：皮肤黝黑，头发卷曲，面部扁平、鼻梁平坦、鼻翼宽大、厚厚的嘴唇、白色的眼睛。据说这座陶俑被称为"昆仑奴"。为什么以"昆仑"命名？他来自何方？如何来到中国？在中国的命运又如何呢？人们迷惑的目光一直纠缠着这座陶俑。

为何以"昆仑"命名

一种说法认为，"昆仑奴"是和"昆仑国"联系在一起的。"昆仑奴"来自于昆仑国，而昆仑国又在何方呢？一位法国的汉学家曾对中国古代文献中的关于"昆仑国"的记述进行了统计，计有：广西附近的昆仑关；恒河以

东及马来群岛；茶陵东南的占笔罗或占不牢岛；缅甸、马来半岛、苏门答腊、爪哇等地的昆仑国；南海附近的昆仑国；非洲东岸以及马达加斯加岛等地。众说纷纭，"昆仑奴"的故乡"昆仑国"到底在哪里呢？根据许多学者的研究成果和现代地理图志的验证，"昆仑"既不是指中国古代西域昆仑山下的"昆仑国"，也不是指今广西、福建等地的昆仑山，而是外国语的译名或译音，它应该是指南海诸地的"昆仑"，或指非洲东岸的马达加斯加岛等若干地区的代称。究竟包括哪些地名，目前还没有形成一致的看法。

而另一种说法认为，"昆仑"一词是用来形容黑色或近似黑色的东西，所以黑人也被称为"昆仑"。在隋代就有一种黑紫色的酒叫做"昆仑觞"；茄子近黑色，便有了"昆仑紫瓜"的外号；当然也有用来形容人的皮肤呈黑色的，如魏晋南北朝时期晋代孝武李太后皮肤有点黑，当时的人们就称她为"昆仑"。

来自何方

不管"昆仑奴"来自何方，他们因何得名，有一点是毋庸置疑的，那就是唐代时确实有非洲黑人生活在中国。除上面介绍的出土黑人陶俑外，唐代诗歌、典籍里也有关于黑人的描述，如杜甫有诗说："家家养乌鬼，顿顿食黄鱼。"这里的乌鬼就是指黑人。张祜有一首《昆仑儿》的诗描写得更为详细："昆仑家住海洲中，蛮客将来汉地游。言语解教秦吉了，波涛初过郁林洲。金环欲落曾穿耳，螺髻长卷不裹头。自爱肌肤黑如漆，行时半脱不绵裘。"

这些非洲黑人是如何辗转来到中国的呢？学者们经过多方查证研究得出初步结论：非洲黑人是经阿拉伯人贩卖到中国来的。关于具体的输入路线有两种看法，一种说法是，阿拉伯人到非洲将黑人掠到阿拉伯人的家乡，经丝绸之路再转运到中国；另一种说法是，阿拉伯人把黑人骗到西亚，再从海上卖到南海诸国，然后由南海诸国转送唐朝。唐朝时阿拉伯人在中西交流中占有很重要的地位，据史料记载，仅在公元 651 年—公元 798 年，唐朝与大食（唐朝对阿拉伯国的称呼）通使就达 36 次之多，大批的大食商人来到中国，在带来了西亚一带的物品和文化的同时，又把唐朝先进的文化大量输入中亚、西亚，"昆仑奴"也是由精明的阿拉伯人带到中国来的。

他乡境遇

"昆仑奴"在中国的境遇又如何呢？既然被称为"奴"，黑人在唐朝肯定是奴隶的身份。这从杜甫的诗中就能体会到，《太平御览》中还记述了一个"昆仑奴"凭自己的勇敢和智慧帮助主人与心爱的女子相会，终于促成了一桩美满姻缘的故事。从这则故事中，我们可以看到唐代时虽然昆仑奴的身份是奴隶，但并没有受到太大的歧视，更没有像在西方殖民者手中那样，受到毫无人性的迫害。至于昆仑奴真实的境遇如何，还是一个难解之谜。

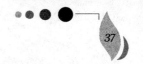

护珠斜塔不倒之谜

在我国古代文化中，建筑占有重要地位，它们巧夺天工，实用美观。那么，这些历久经年的建筑，古人是怎样建成的呢？他们采用的工艺和材料在我们现代建筑中能否借鉴呢？

中国第一斜塔

世界上最著名的斜塔毫无疑问是意大利的比萨斜塔，但在其他国家或地区也有斜塔，不过没有比萨斜塔那么有名。在我国上海南面的天马山上，就有一座斜而不倒的塔，人们称其为护珠塔。现在护珠塔向东南方向倾斜 6°51′52″，有人认为它比世界著名的意大利比萨斜塔倾斜得还要厉害，是世界第一斜塔。

登上天马山巅，放眼四野，阡陌交错，河流纵横，村镇星罗棋

布，一切都在脚下，使人心旷神怡。护珠塔的底层已有 1/3 的块砖没有了，整个斜塔仅靠不到 2/3 的底层砖墙支撑着。塔的顶部也已损毁，各层檐木结构的痕迹还能隐约看见。塔旁写着"危险"的警告牌。走进塔内，空空荡荡，抬头仰望，极目苍天，加上山顶风大，让人觉得危塔马上就要从头顶倒下来似的，令人胆寒。

护珠塔的由来

护珠塔又名宝光塔，在北宋元丰二年（1079 年）建造，这是一座七层八角形砖木结构的楼阁式宝塔，塔高大概有三十多米。清朝乾隆五十三年（1788 年），山上因做佛事，燃放爆竹引起火灾，烧毁了塔心木以及各层木结构，引起塔身倾斜。护珠塔到现在已有九百多年的历史。200 年来，塔虽倾斜却始终屹立于天马山巅，斜而不倒的原因，众说纷纭，归结起来有四种：

第一种是当地传说。塔是向东南倾斜的，而在塔的东南面有一棵古银杏树，它是"松郡九峰"之一的仙人彭素云在 500 年前种植的，树的枝叶都向西，虽然后来树枯死了，但它依靠神力，仍然对护珠塔遥相支撑，所以使塔不倒。这是一个美丽的神话，当然不足为信。

第二种说法是根据地质构造来分析的，依据有关专家考察，天马山护珠塔建造在沉陷的地基上，东南方向土质比较疏松，西北方向土质比较厚实。塔就向东南方向倾斜。但浙江一带盛行东南风，护珠塔造在天马山顶，四周空旷，所受风力更强，当塔的倾斜力与风力相平衡时，造成护珠塔迎风挺立，斜而不倒。

第三种意见是根据古代

建筑技术来解释的，认为是古代造塔技术的高超才能使塔屹立不倒。古代人用糯米汁加入桐油石灰来黏合砖块。这种黏合剂的强度不同于现代的水泥砂浆，而且据说用这种黏合剂来建筑时，时间愈久愈坚固。在考古发掘中，许多古代的坟墓都是用糯米汁与石灰等作为黏合剂的，在现在发掘古墓时，要费很多周折才能把它拆除。护珠塔用这种优良的黏合剂，加上古代砌砖技术的精湛，使其能够浑然一体，因此塔砖也就不会塌落下来。

现在国家要抢救这座珍贵的千年古塔，上海市文物管理委员会早已积极组织力量，全面抢修斜塔，组织专家制订方案，贯彻"外貌不变，斜而不倒"的原则。在抢修时，人们发现塔身上部虽已倾斜，但埋入地下的塔基却并没有改变，所以形成了"斜而不倒"的独特现象，这是第四种看法。

离奇的缘由

有传说在古代造塔时，砖缝里填有铜钱，目的不仅是为了使砖层平整，宝塔坚固，还是一种迷信，认为可以镇妖避邪。所以后来不断有人在塔砖中寻找铜钱，塔砖就被拆掉，塔的底部也就逐渐倾斜了。

从古至今，无数次的狂风暴雨，把山下的房屋都吹倒了。1954年刮的十二级台风甚至将塔下的大殿都吹倒了。还有1984年的黄海地震，上海市区的房屋都受到摇摆震动，但是护珠塔却仍然矗立在天马山巅，耸入云霄，迎风屹立，毫不动摇。这些现象更使护珠塔的不倒之谜变得异常神秘。

郑和为何要"七下西洋"

郑和的身份是双重的，他既是明朝的太监，又是中国明初的航海家。从永乐三年（1405 年）至宣德八年（1433 年）曾奉命率船队七下西洋，对于郑和七下西洋的目的历来众说纷纭，种种猜测使人们的目光集中到了建文帝身上，建文帝生死未卜，下落不明，使郑和"七下西洋"的目的更显得迷雾重重。

永乐三年（1405 年），明成祖派三保太监郑和率领一支拥有 200 余艘"宝船"、27000 人的队伍，从长江口入海，途经亚洲、非洲三十多个国家和地区，最远到达非洲的东海岸，历时 28 年。这就是历史上著名的"下西洋"。

为什么坐镇北京的永乐皇帝突然把目光转向了无边的海洋呢？而郑和六下西洋后为什么又不再让郑和出行了？

有人说，成祖此举是为了宣扬明朝的国威，招引各国前来朝贡，

同时也可进行大量的贸易活动，从而促进中国同"西洋"各国的经济和文化交流。

也有人说，这中间隐藏着一个鲜为人知的秘密。这就是"靖难之变"后，建文帝下落不明，明成祖朱棣为确保皇位的稳固，以与西洋交流为幌子而去寻找建文皇帝。

 ## 靖难之变

明太祖朱元璋生有 26 个儿子，最喜爱的是长子朱标和四子朱棣。封建社会中，皇权一直以正统世袭，所以虽然后来朱标先于朱元璋去世，可明太祖还是将皇位传给了朱标的儿子朱允炆。1398 年，明太祖去世，朱允炆即位，将年号改为"建文"。此时弱君在朝，强藩在外，各地藩王拥有军政大权。建文帝对此颇为忧虑，于是采纳谋臣的"削藩"建议，想以此来巩固皇权。

开始时，燕王朱棣并未采取任何行动。后来，建文帝相继废削周王、齐王、代王、岷王，朱棣感到自己也可能被废，于是打着"朝无正臣，内有奸恶""构为祸乱，危迫朕躬"的旗号起兵谋反，并直逼南京"靖难"。

这场内战持续了 4 年之久。由于建文帝迂腐、怯弱，在政治、军事上都不如他的叔父朱棣，派去征伐的兵将都大败而归。建文四年，朱棣攻占南京，并登上皇位，后迁都北京，史称"明成祖"，改年号为"永乐"。可那时建文帝已经下落不明。

朱棣为摆脱"夺嫡""篡位"的恶名，一方面安定人心，发布建文帝已死的诏书；另一方面则根据传闻中的蛛丝马迹去苦苦寻觅，并引出许多明察暗访的故事来。

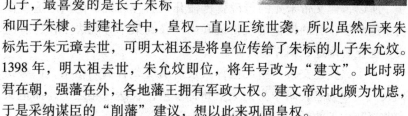

自焚之谜

据《太宗实录》记载，当年朱棣率众抵达重川门时，人众皆散，仅有数名内侍而已，建文帝慨叹道："我有什么脸面见他?"于是关上宫门，举火自焚了。而且永乐年间的《实录》和清代修编的《明史》都同意这一说法。

但在《明史·恭闵帝本纪》中却说："都城陷，宫中火起，帝不知所终，燕王遣中史出帝后尸于火中，越八日壬申葬之。"这就不禁让人疑惑：既然"不知所终"，怎么能辨认出那具烧焦的尸体是否是建文帝呢？而且，当时正是烈日酷暑，如果可以分辨出尸体的身份，又为何要停尸8日？如果已经辨认不出，停尸再久又有何意义？

所以，建文帝未死的传说就传播开来。有的说，他从地道或御沟中逃跑了；有的说他削发扮成和尚，躲到某个寺院去了；还有的说，他化装南逃，飘洋海外了。

为了寻找建文帝，明成祖曾派亲信胡濙拿着御制诏书，以寻访仙人张三丰为名，暗中察访天下州郡乡邑，长达一年之久，而他派太监郑和六下西洋，也可谓是用心良苦。

"天下大师"

奇怪的是，还有些人假冒建文帝。

明代王鏊的《震泽纪闻》就有这样一则故事：

正统年间，有一位御史外出巡察，途中遇一老僧当道而立，左右呵斥，他却昂然不动，御史亲自问讯，他才宣称自己是"建文帝"。

御史不敢自断，向朝廷禀报后，把他送到了北京，他吟诗道：

流落江南四十秋，归来白发已盈头。

乾坤有恨家何在？江汉无情水自流。

长乐宫中云气散，朝元阁上雨声愁。

新蒲细柳年年绿，野老吞声哭未休。

明英宗召来大臣，可谁也无法确认他是真是假。后来，英宗找来曾服侍过建文帝的老太监吴亮来辨认，吴亮刚一露脸，老僧就说："你不是吴亮吗？"

"我哪里是什么吴亮？"

老僧从容一笑，说道："那年我在便殿里吃仔鹅，有一块鹅肉掉在地上，当时是你趴在了地上，用嘴把鹅肉叼起来的，难道你忘了吗？还敢说你不是吴亮？"。

吴亮应声跪在老和尚膝前泣不成声。

令人不解的是，吴亮当天晚上便不声不响地在家中上吊了。

据说，这位老僧在宫内安然度过最后的岁月，死后葬在北京西山，号称"天下大师"。有人说，在颐和园后面的红山上，曾发现了"前明天下大师之墓"，而在云南武定狮山佛寺还有雕塑的"明天下大师像"，雕塑下注有"天下大师者，明建文帝也"。直到1991年，上海史学工作者经过一年考证后认为，当年建文帝出逃后，曾藏在江苏吴县鼋山普济寺内，不久，便转移到穹窿山皇驾庵，直到1423年在此病逝，这也回答了为什么郑和第六次下西洋后明成祖从此就再也没有让他出使，是因为明成祖已经知道了建文帝已死，所以不必再察访了。

而郑和第七次下西洋，则是在明成祖死后的宣德八年（1433年）进行的。

对于郑和七下西洋的目的，人们似乎更倾向于寻找建文帝，那事实果真如人们考证的那样吗？这恐怕又是人们心中的一个谜吧！

太平天国的宝藏之谜

太平天国运动是中国历史上最大规模的农民起义，这次农民起义沉重打击了清王朝的腐朽统治，但令人遗憾的是起义最终以失败告终，而太平天国的窖藏的宝藏也不知所踪。

1864 年 7 月，作为太平天国首都 11 年的天京（南京）陷落。

围城三年的湘军从天京的各个城门闯了进来，他们目的十分明确——枪掠。上至前敌总指挥的大头头曾国荃，下至军营里雇佣的民工、文职人员，都想发一笔横财，因为当时民间流传说洪秀全和天国新贵收敛的财宝都藏于此地。湘军三日三夜搜查全城，曾国荃和提督萧孚泗率先洗劫了天王府，他们捞尽官衙甚至民宅的一切浮财，连同几万名女俘虏，一并作为胜利品带了回去。但是，他们还不满足，"历年以来，中外纷传洪逆之富，金银如海，百货充盈"，因而认为还有更多财宝埋藏在天京的地下各处。曾国荃活捉李秀成后，非常高兴，用锥尖戳刺他的大腿，把李秀成弄得血流如注。一方面

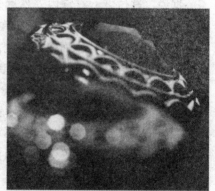

是因为气恼李秀成守城坚固，更是为了逼迫李秀成说出天京宝藏的下落。曾国藩不久从安庆赶到南京，赞赏其老弟"以谓贼馆中有窖金"，又多次软硬兼施，追问李秀成藏金处。这也是李秀成被较晚处死的另一个原因。李秀成被俘之后，清朝皇帝也曾派僧格林沁、多隆阿来南京督促，但李秀成却始终未透露太平天国天京的窖金事宜。

天京确实有窖金埋藏，曾国藩在攻破天京后下令洗劫全城，但"凡发掘贼馆窖金者，报官充公，违者治罪"，虽然湘军军令严明，但在"破城后，仍有少量窖金，为兵丁发掘后占为己有"。天京被攻破后，除抗拒的太平天国将士遇害外，尚有一千余人，即占守城精锐的1/3，随李秀成保护幼天王洪天贵福逃脱，《能静居士日记》卷二十则说"另有其余死者寥寥，大半为兵勇扛抬什物出城。或引各勇挖窖，得后即行纵放"。上元人孙文川在《淞沪随笔》（手抄本）中认为"城中四伪王府以及地窖，均已搜掘净尽"，但他说的也许是少量的宝藏，而大宗窖金的下落，并未见有著述，这也给后人留下一个谜团。甚至还有人传出，太平天国的宝藏早已被"洪天王"挥霍殆尽，其财富已所剩无几。

民间流传的另一种说法是：在南京有个富丽堂皇的大花园"蒋园"，园主蒋某，绰号"蒋驴子"，据说他原来只是一个行商，靠毛驴贩运货物。因为有次运送军粮，得到太平天国忠王李秀成的垂青，

被任命为"驴马车三行总管"。天京被围时期，"宫中倾有急信至，诸王妃等亦聚金银数千箱令载，为之埋藏其物"。《红羊佚闻·蒋驴子轶事》则说："有金银数千箱，命驴往，埋于石头山某所。"蒋氏后来因此发财起家，成为近代金陵巨富。《红羊佚闻·蒋驴子轶事》中还记载，民国初年，有南京士绅向革命军

都督和民政长官报告"洪氏有藏在某处，彼辛与埋藏事"，由此引起一些辛亥元老国勋的野心，"皆以旦夕可以财为期"，可是雇人多处去寻掘，仍毫无收获。

南京当年的天王府遗址，至今只有西花园一角还隐约可见旧时面貌，据介绍，在南京解放时期，有人听说过洪秀全窖金的事，便将园中湖水放干，并仔细地搜寻了湖底，但结果仍是一无所获。

关于太平天国宝藏的下落究竟如何，其传闻很多，但大多没有真凭实据。曾国藩曾向皇帝奏报说没有发现藏金。然而《能静居士日记》中却说：萧孚泗"在伪天王府取出金银不资，即纵火烧屋以灭迹"。曾国藩兄弟俩当然收获颇丰，1866年5月19日的《上海新报》上记载说"宫保曾中堂之太夫人，于三月初间由金陵回籍，护送船只，约二百数十号"，这时的搜刮物似乎就包括窖金。但天京窖金也不会全数遭到挖掘的，很难排除会有更多的深藏巧埋之物至今仍未能发现的可能。

对于如此巨额的窖藏宝藏，众说纷纭，但这些宝藏的下落究竟如何，到现在也还是一个谜。也许终有一天会真相大白，人们希望这一天能早日到来。

星星峡之谜

在 甘肃和新疆的交界处，有这样一个地方：那里没水、没草、没树，找不到一块阴凉的地方休息，而且那里的气温可以达到53℃。这个地方就是星星峡，考古专家们在这里发现了大量的干尸。那么，这里到底隐藏着什么样的历史秘密呢？

荒漠中的古墓群

由敦煌向西就进入了中国最大的内陆盆地——塔里木盆地，这个盆地的中央是中国最大的沙漠——塔克拉玛干沙漠，其面积为32万平方千米，相当于意大利和比利时面积的总和。

从玉门关到河西走廊外的第一个绿洲——新疆哈密，要穿过400千米的大戈壁滩，晋代大旅行家法显和尚称这块渺无人烟的戈壁滩为"流沙河"。

可是，就是在这样的地方，考古学家们却惊奇地发现了无数完好如初的古迹。

在哈密市西南75千米处的一片干涸的古河床旁边，考古学家发现了王堡古墓群。这个古墓群一共有1000多座3200年前的墓。1978年和1986年新疆考古研究所先后在这里进行过2次大规模的发

掘，共发掘出 79 具尸厂，以及铜器、石器和陶器等物。

哈密文物局的专家为在场的中外学者试挖了一座古墓，他们发现墓内有一具男性尸体，他头戴毡帽、身穿毛皮长袍，脚上套有高筒靴子。可能是因为墓内气候比较干燥，所以尸体已干化，但肌肉仍有弹性，而且眉毛也没有脱落，头发呈现金黄色。经碳化测定，王堡古墓的尸体距今已有 3200 年。他们生前属于哪个部落？这个部落的下落又如何？这些疑问对专家们来说仍然是个谜。

高昌古城

高昌城就是矗立在吐鲁番境内的火焰山脚下的沙漠古城。高昌城始建于公元前 1 世纪，历经 1300 余年的变迁，于 14 世纪毁于战火。

高昌城的布局与唐代的长安城极为相似：宫城在北，内城在南，而且还有大面积高大建筑，外城有一座大型寺院，在寺院的大殿内还有壁画痕迹。寺院附近，留有手工作坊和集市遗址。城北是一片茫茫戈壁，高昌城废弃之前，城内居民死后大都安葬在这里。外城南部，有一排建筑物遗址，那里有许多大陶缸、陶瓮残片，显然这是酿造葡萄酒的作坊。

20 世纪初，西方各国的"探险家"先后在这里进行过大量发掘，使这座在中国历史上占有重要地位的古城惨遭破坏，据说仅德国考古学家勒柯克就从这里盗走了四百多箱文物。

距高昌城 5 千米处的阿斯塔那古墓群素有"地下博物馆"之称。人们在这座墓群中较为重要的发现就是大量的织绣物。织绣物的绚丽图案和精湛织术显示出当时的织者都受到了波斯织术的影响，这对于研究古丝绸之路是非常有帮助的。今天在全世界的主要博物馆里都可以找到来自阿斯塔那古墓的文物。

大批相关文物流落海外

20世纪初，西方学者在中亚沙漠中进行了一系列的"探险考察"活动，其中包括由德国人格朗威特和勒柯克等人对普鲁士皇家、吐鲁番、哈密、库东等地进行的4次发掘。他们发现并偷走了用波斯语、安息语、突厥语等16种语言抄写和印刷的24种文献的手稿。在这些文献中，也包括公元344年的汉语文献的残片。目前，这些珍贵的中国文物被收藏在德国国家科学院里。

德国国家科学院收藏的这批文物中包括8000枚古突厥文文献的碎片。在这些文献被发现前，研究古中亚文明的西方学者只能从蒙古和奥斯曼帝国的文献中间接地去查找古突厥语的资料。这些古突厥语资料很多内容是从汉文翻译过去的佛教文献，但是也包含许多非宗教的文献，内容涉及医学、天文学和经济等诸多方面。

由于大部分语言早已失传，德国国家科学院所珍藏的这批从新疆沙漠中出土的文献大部分至今还未被解读。但是相信在不久的将来，这些文献终会被科学家们破解。到时也一定会对研究中亚古代文明提供极其重要的证据。

悬棺部族之谜

悬 棺葬是中国南方古代少数民族的葬式。悬棺葬遍及川、黔、滇、湘、桂、粤、浙、赣、闽、皖等省。现在主要存于福建武夷山地区和四川与云南交界的珙县、兴文、筠连等县。其中珙县的悬棺几乎包含了世界上各种悬棺的类型。美国学者曾激动地断言，珙县的悬棺也许可以解开困扰世界多年的悬棺之谜！

一批批的科学家来到珙县，兴致勃勃地想要破解千古谜题，但是都失望而归。人们只能印证珙县的悬棺很可能是中国最后的悬棺，是这种丧葬制度的终点。经过考证，科学家称采用悬棺葬的部族为僰人。这个生活在四川南部崇山峻岭中的神秘部族，是传说中的勇士，他们遵从"活得痛快，死得尊严"的生活准则。他们世代相传，把祖先的尸骨安葬在高高的悬崖上。这种风俗在明代万历年间却戛然而止，是什么原因使僰人放弃了自己的丧葬习俗呢？这些僰人如今何在？是全部灭亡了还是与其他民族融合在一起了？

悬棺谜影

20 世纪 70 年代在众多科学家的倡议之下，中国政府开始了新中国成立国以来第一次对珙县悬棺的正式发掘。在那一次发掘中，科学家们发现，僰人生活俭朴，大多数悬棺中只有很少的随葬器物。通过清理那一次悬

棺中出土的文物，科学家们发现了一件事情：大量的文物都出自明代，而且都在明代万历年间戛然而止，这究竟是为什么呢？

1127 年，是明代的万历元年。这时候的明王朝开始了一个科技史上的崭新时代，人们开始重视科技的发展。1225 年，葡萄牙人利玛窦来到中国，带来了西方先进的技术和发达的文明。随着中西方交流的不断发展，涌现出了大量的科技文化书籍。在这一时期明王朝的冶炼技术取得了一个重要的突破，工匠们也学会了煤的运用方法，这使明朝军队的武器更加精锐，大大地增强了他们的战斗能力。而发掘的一把僰人的宝剑也将当时僰人的冶炼技术水平体现了出来。这把长剑的主人是一位僰人武士，从长剑制造得十分粗糙来看，当时僰人的冶炼技术非常低下，他们刚刚从青铜时代发展至铁器社会，对于炉温和原材料的控制，还没有完全掌握清楚，所以在武器制造方面，大大地落后于自己的敌人。这种落后很可能带来致命的后果。

因此僰人与明军的战斗是两个时代的对决，远古与现代，刀枪与火药。胜负其实早已注定了。无论僰人如何勇猛，冷兵器时代的英雄也绝不可能打败装备着大炮的明军。就这样，明军依靠着科技上的遥遥领先，最终获得了野蛮的胜利。

僰人后裔今安在

那么，在明朝残忍的灭族政策下，有没有僰人可以幸存下来，躲过那次大难，从而留下后裔呢？

见过悬棺的人，第一感觉都是特别神秘，而神秘之中的神秘就是，古代人在生产力不发达的情况下，是如何把这些沉重的棺木放到高高的悬崖峭壁之上的。

专家们猜测，也许真的有僰人在历史的夹缝中活了下来。但是他们却再也不敢把先人的棺木挂上悬崖了。延续了数千年的悬棺葬历史就此销声匿迹了。这个部落已经消失了将近500年，他们的故事正在被人们遗忘，经历了无数次的灾难与战争之后，僰人全部消亡了吗？他们留下了无数难解的谜题。现在，人们发现了僰人与明王朝多次交战的证据，难道就是这些战争导致了悬棺部族的灭亡吗？英勇的僰人并不惧怕人数众多的明朝军队，也没有因为战争而全部灭亡。那么，还有什么力量可以威胁这些骁勇善战的人，使他们最终在历史中消失呢？

500年的岁月逝去了，许多事情都已经被遗忘，依旧被人们传诵的只有僰人神勇的史诗，还有他们留下的千古谜题。悬棺究竟是怎样放置上去的？僰人这个最终消失的部族，曾经兴起过吗？

宫闱之谜

GONG WEI ZHI MI

"千古一帝" 秦始皇身世之谜

人们对"千古一帝"秦始皇的评价可谓褒贬不一，更有人拿他的身世大作文章，有关他身世的传言，一直存在着许多不同的版本。

秦始皇是吕不韦之子吗

秦始皇是继秦庄襄王（子楚）之位，以太子身份登上王位的。秦始皇之母赵姬，据说曾是吕不韦的爱姬，后被献予子楚，封为王后。所以，秦始皇的父亲到底是谁，一直都是后人争议不休的话题。

吕不韦是河南濮阳远近闻名的大商人。他野心勃勃，一直想在政治上有所作为。于是，他来到赵国首都邯郸，精心策划将正在赵国当人质的秦国太子异人过继给正受宠的华阳夫人，后来，异人被立为嫡嗣，更名子楚，当上了皇太孙。不久秦昭王、孝文王相继原因不明地死去，子楚登上了王位，吕不韦被封为丞相。可是子楚在位仅三年就神秘死去，于是他的儿子嬴政顺理成章地继承了王位，他就是后来的秦始皇。嬴政称吕不韦为"仲父"，封他为文信侯并让其代替自己掌管全国政事，吕不韦家中奴仆万人，成为一人之下、万人之上、权倾朝野、一手遮天的大人物。

嬴政在他登上秦国王位的第二十六个年头，终于横扫六国，统一了中国。

论证观点

为什么说秦始皇是吕不韦的儿子？据分析有四种可能：

其一，如果嬴政真是吕不韦的儿子，那他就不是秦皇室的后代。那么当时反秦的嬴政的弟弟长安君成骄就"造反有理"了。

其二，如果嬴政真是吕不韦之子，那就有可能是吕不韦有意公开自己是"仲父"的真相，吕不韦要想除掉他的死对头——势力强大的太后派的长信侯，就必须争取秦始皇支持。泄露自己与秦始皇的父子关系，说不定后者会念及骨肉之情，对自己多加照顾。

其三，如果嬴政确实是吕不韦之子，那么就不是六国被秦所统一，不是"秦灭六国"，而是"六国灭秦"了。

其四，如果嬴政是吕不韦之子，那么，灭秦的汉代之人，似乎就是替天行道，伸张正义了。

后人的观点

后人大都不认同上述观点。

其一，吕不韦并未策划过秦始皇由出生到登基的一连串阴谋。他们认为，秦昭王在位时，就想方设法让子楚（异人）当皇孙，已经够反常了，何况把希望寄托在尚在赵姬腹中的

胎儿"太玄孙"（嬴政）身上，也太渺茫了。而吕不韦既非神仙也不是傻瓜，唯一能说通的理由，就是断无此事。

其二，有人认为，如果说赵姬是吕不韦献给秦子楚（异人）的，那么她在宫中子楚身边，过门之后孩子是不及期而生的，甚至十二月之后过期而生，子楚又怎么能不知晓呢？可见，秦始皇的生父应该是子楚，而不是吕不韦。

其三，据《秦始皇本纪》记载，秦灭赵后，秦王曾亲临邯郸，把同秦王母家有仇怨的，尽行坑杀。如果赵姬果真出身豪门，她怎么能先作吕不韦之姬妾，再被献作异人之妻呢？如果赵姬是"邯郸诸姬绝好善舞者"中一名出色的优伶，她又哪儿来的那么多仇家呢？

到底秦始皇是谁的儿子，这段个人隐私，竟成了千古之谜，无人能解。

秦始皇是皇帝尊号的创立者，同时也是中国皇帝制度创立者，使中国进入了汉民族中央集权帝制时代的人。并且第一次完成了中国政治上的统一，为其后各朝代谋求统一奠定了基础。但自古以来，秦始皇一直是一个倍受争议的人物。

"阿房宫" 之谜

秦始皇灭六国建立秦王朝后，为了树立皇帝的至高权威，便穷奢极欲，大兴土木，横征暴敛，峻法严刑。他极端残暴的统治使国家哀鸿遍野，百姓怨声载道。

秦始皇的残暴

秦始皇征战途中每灭一国，就命人把该国宫殿绘制成图样，然后按图样在咸阳仿造。统一六国后，他曾打算扩建苑囿，西起雍、陈仓（今陕西凤翔、宝鸡一带），东至承谷关（今河南灵宝北），面积广阔，东西千里。秦始皇身边的近臣婉言进谏："好极了！这么大的苑囿，多放些凶禽猛兽，有强盗从东方进犯，让麋鹿出动就能把他们顶跑了。"秦始皇听后大笑，才作罢。不过，他虽然没有扩建苑囿，却到处建造离宫别馆，仅首都咸阳四周 100 千米内就有宫殿 270 座，

关中行宫 300 座，关外行宫 400 多座。

走进阿房宫

在秦始皇兴修的众多宫殿中，规模最大的非阿房宫莫属了。阿房宫究竟有多大是难以确定的。据载，阿房宫殿堂，东西宽 500 步（秦制 6 尺为一步，相当于 1.38 米，500 步即为 690 米），南北长 83 步，殿内可以容纳 1 万人。殿前矗立 8 步 2 尺高即 11.5 米高的旗杆，宫前立有 12 尊铜人，各重 12 万千克。以磁石为门，有怀刃隐甲的人入宫，即会被吸住。周围建阁道以连通各宫室，其阁道又依地势上达南山（今陕西西安南）。在南山顶，建一宫阙，作为阿房宫的大门，又造复道，从阿房宫通达渭水北岸，连接咸阳，以此象征天极紫薇宫后十七星横越云汉，达于宫室（二十八宿之一）的天庭。

浩大的修建工程

为修建这一庞大的宫殿，秦始皇下令征调隐宫（施宫刑之所。宫刑畏风，须入隐室，故名）、罪人与刑徒 70 余万分工劳作（其中一部分被派往修骊山陵墓），北山（今陕西礼泉、泾阳、三原与淳化境内）石料，蜀楚木材，被源源不断地运到关中。

阿房宫建制占地的范围，从咸阳到临潼以东，以西至雍冲（陕西凤翔南），以南抵于终南山，以北达于咸阳北坂，纵横 150 多千米。此外，从咸阳到函谷关（今河南灵宝东南）

以西，有朝宫 300 余所，函谷关以东也有 400 余所。众多的宫殿一律施以雕刻，涂以丹青，五彩斑斓，富丽堂皇，气势雄伟。

阿房宫耗资极大，劳民伤财。到秦始皇死时，宫殿仍未落成，由秦二世继续营建。

秦二世继续营建

秦二世深居宫中，他认为，先帝一定是觉得咸阳的朝廷小，所以营建阿房宫。前殿还未竣工，正赶上先帝驾崩，只好停工，抽调人力去骊山修陵，现在骊山修陵工程完毕，若不继续营建阿房宫，不就等于宣布先帝的兴建工程是错误的吗？于是便下令继续营建阿房宫，并继续修筑直道、驰道、骊山墓等各项工程。同时，征调 5 万精兵屯卫咸阳，演习射猎；命各地郡县向咸阳转运粮草，转运者自带食物，不得食用咸阳 150 千米以内的谷物。赋敛日益沉重，徭役也越来越多，这样肆无忌惮地狂征滥调，导致民力枯竭，渐渐地使国家到了无人可征的程度。

秦二世统治不久，秦朝便灭亡了。楚汉战争时，项羽入关，火烧秦宫室，大火一连烧了 100 天而不熄。阿房宫这组秦朝最大的宫殿建筑群，也随之化为灰烬。留给后人的，只有遗址和感叹。

"秦兵马俑" 四大未解之谜

1974年，在陕西临潼县西杨村，距秦始皇陵东侧1.5千米的一片荒原上，考古工作者发掘出了被称为"世界第八大奇迹"的秦代大型地下兵马俑军阵，这一发现引起了世界性的轰动。它俨然成了世界上最大的军事博物馆。军阵结构严整，气势恢弘，再现了秦始皇统一六国时的霸气和雄风。

这些真人真马大小的陶俑陶马依次排列在3个俑坑中，共8000件。陶俑身材高大，约1.8米，容貌不一，神态各异，仿佛整装待发；陶马昂首肃立，肌肉丰满，装备齐全，栩栩如生。此外还有130多辆战车、大量的铜兵器及金、铜、石饰品等。这些陶人陶马和青铜兵器的精良和完美令世人叹服！它简直是一个人间奇迹，却也为今天的人们带来了许多难解之谜。

兵马俑为何没有统帅俑

这些陶俑无论是步兵、弩兵、骑兵、车兵，都属武士俑，并不见统帅俑。这是为什么呢？有人认为，可能是按秦制，每次出征前

都由秦王指令　名将帅任统帅。而修建作为指挥部的三号坑时，将帅还未任命，虎符正掌握在秦始皇手中，工匠们不敢随意塑一位统帅。还有人认为，秦始皇就是秦军最高统帅，为维护皇帝的绝对权威和神

圣尊严，不能把秦始皇的形象塑在兵马俑坑之中。当然，这两种说法也都只是猜测而已，并无定论。

兵马俑为何被焚毁

发掘兵马俑时，考古工作者发现，一、二号俑坑的木制结构几乎全部被烧成炭迹或灰烬。陶俑和陶马耳上的彩绘颜色经火烤大都已经脱落，有的青灰色被烧成了红色。俑坑经火焚后全部塌陷。陶俑和陶马全部被砸，有的东倒西歪，有的身首异处，有的头破腹裂，有的臂断腿折，有的断成数段，有的成为碎片……总之，完整的很少。

让人费解的是，俑坑的火是谁放的呢？后人推测有三种可能，一是秦人自己点的火，以烧毁祭墓物品及墓周的某些建筑，使死者的灵魂将此带去阴间享用，即所谓"燎祭"。但是，如果真的是因为丧葬制度和民间风俗习惯而焚毁掉，为什么只烧1、2号坑，而不烧3号坑呢？而且如果真的是秦人自己烧的，那么从建成到焚毁的间隔时间肯定不会太久。可是据考古发掘来看，俑坑下面的地砖上普遍都有十几层的淤泥层，这种淤泥层绝不是短时间内能够形成的。

二是秦兵马俑可能是被项羽率领的军队焚毁的。据《史记》

《水经注》等史籍记载，项羽烧秦宫室，火三月不灭。但上述史书中并没有明确记述项羽军队焚毁秦兵马俑之事，甚至连秦兵马俑的字样都没提到。因而，把烧兵马俑的罪过加在项羽的头上，也只是后人的猜测罢了。

三是兵马俑坑中的火是因为坑内的陪葬物等有机物腐败产生沼气，自燃造成的。但是，在同样的俑坑，同样的环境条件下，为什么只烧了1、2号坑，而3号坑却没有起火呢？这也没有科学根据。

陶俑制作之谜

兵马俑坑中的陶俑和陶马均是泥制灰陶，火候高、质地硬。经观察，并没有发现模制迹象，肯定是一个个地雕塑而成。陶俑、陶马身上原来都绘有鲜艳的颜色，但因俑坑被毁，加上长期埋于地下，颜色几乎全部脱落。现在从局部残留的颜色仍可窥见其种类的繁多，有绿、粉绿、朱红、粉红、紫蓝、牛黄、橘黄、纯白、灰白、赭石等。各种色调的和谐艳丽，更增添了整个军阵的威武雄壮。

这些陶人陶马在暗无天日的地下掩埋了二十多个世纪，出土后，仍然保持了色泽纯、密度大、硬度高等特点，以手敲击，金声玉韵，真是达到了"炉火纯青"的境界。当代的制陶工艺大师经过十多年的努力，至今仅能仿造一些简单的陶人。其中一些制陶大师想要复制陶马，反复试验竟无一成功。秦代这种杰出的泥塑工艺和制陶工艺，使后人佩服得五体投地。但它的技术、配方都已失传了，这是中国传统文化的一个极大的损失。

青铜剑铸造之谜

　　从二号坑出土的青铜剑，长86厘米。剑身上有8个棱面，极为对称均衡。19把青铜剑，误差都不到毫米。它们历经2 000年，从地下出土，都无蚀无锈，光洁如新。用现代科学方法检测分析，这些青铜剑表面竟涂有一层厚约1毫微米的氧化膜，其中含铬2%。这一发现立即震动了世界。因为这种铬盐氧化处理是一种刚刚在近代被人们掌握的先进工艺。据说德国在1937年，美国在1950年才先后发明了这种方法，并申请了专利，而且它只有在一整套比较复杂的设备和工艺流程下才能得以实现。秦人的铸造水平之高，真是让人感到不可思议。

　　更值得一提的是，这些青铜剑的韧性也是异常惊人的。有一口剑，被一具150千克重的陶俑压弯了，弯曲度超过了45°。当陶俑被移开的一瞬间，奇迹发生了：青铜剑反弹平直，自然还原。这精湛的铸剑技艺，令在场的所有研究人员瞠目结舌。

　　围绕兵马俑的谜团不胜枚举。但相信在不久的将来，随着科学的进步，考古的深入，这些谜团一定会得到解决。

秦兵马俑的发现，在国内外引起了巨大的轰动，并掀起了参观秦兵马俑的热潮，同时也留给后人无数猜想。

杨贵妃未被册立为皇后之谜

"回眸一笑百媚生，六宫粉黛无颜色。"说的就是我国古代四大美女之一的杨贵妃。她天生丽质，深受唐玄宗的宠爱。然而唐玄宗却始终未册立她为皇后，这是为什么呢？

杨贵妃，名玉环，号太真，弘农华阳（今陕西华阳东）人。唐玄宗不仅让杨贵妃享尽荣华，就连她的家人也都地位显赫，真可谓"一人得道，仙及鸡犬"。但是为什么如此宠爱她的唐玄宗，却没有在皇后的位子虚悬多年的情况下封她为皇后，而只封她为贵妃呢？

对此，有的学者认为，这是因为杨玉环曾是唐玄宗的儿子寿王瑁的妃子，唐玄宗为了得到她，先让她做了一段时间的女道士，但毕竟是公公娶儿媳。在重视礼制的封建社会，这种败坏伦常的女子哪有资格做"母仪天下"的皇后呢？唐玄宗不能封，杨玉环也不好提。因而直到死，杨贵妃也未被立为皇后。

但也有学者持异议，认为这是宋朝以后的看法，在思想较为开放的唐朝并没有这种伦常观念，他们的婚姻关系也比较自由随便。唐高宗李治便把唐太宗李世民的妃子武则天立为皇后，既然唐高宗能娶自己的"后母"做皇后，那么唐玄宗也当然可以娶自己的儿媳做皇

后了，所以以上说法是不成立的。

还有一种说法认为，唐玄宗之所以不封杨贵妃为皇后，是从寿王身上考虑的。杨贵妃被夺走，给寿王留下了感情上的创伤。再加上杨贵妃长期没有生子，皇后的位子很长时间没有人选，一旦发生重大变动，很可能会引发宫廷政变，考虑到多种因素，唐玄宗在过完 61 岁大寿的时候，就将册立杨玉环的诏书公布天下，立其为妃，而不是册立其为皇后。

尽管杨贵妃未被立为皇后，但就她当时的地位来看，俨然是实际的六宫之主。也许对于"集三千宠爱于一身"的杨贵妃来说，做不做皇后都是一样的。

陈桥兵变真相之谜

关于陈桥兵变，历来说法不一。有人认为赵匡胤是被部下逼着黄袍加身，虽再三揖让，却难辞做皇帝的责任。《中国通史》就持此一说："匡胤奉命出兵时，汴京已有传说，将士将拥立都点检（赵匡胤的军官之职）为天子。""乃于夜深强以黄袍加于赵匡胤之身，逼令作天子，并逼回京，先即皇帝位。"

 ## 陈桥兵变

然而历史上这一说法却受到了许多学者的质疑。他们认为，陈桥兵变是赵匡胤有预谋、有组织的夺帝行动。后周显德六年（公元 959 年），周世宗病逝，其子柴宗训年幼即位，由符太后摄政。次年，掌握兵权的殿前都点检赵匡胤乘主少国危之机，在赵普、石守信的策划下，借口抵御契丹和北汉的侵入请命挥师北上，率军队从大梁（今河南开封）出发，北上防御。待军队行至陈

宋太祖赵匡胤依靠超群的武艺和出众的胆略，建立了大宋王朝，虽然登上了皇帝宝座，但通过这次兵变，他深刻认识到武将在废立皇帝、改朝换代方面的巨大力量。于是他导演了"一出三杯酒释兵权"，从而掌握了大权。

桥驿，赵匡胤便授意将士给他穿上黄袍，拥立他称帝，改国号为宋。从此他便把江山从后周那里夺了过来，建立了统一的大宋王朝。由此可见，赵匡胤早有做皇帝之心，只是苦无机会。这种说法在宋朝的正史中肯定不会找到依据，只能靠后人的推测。但推想未必就成不了真。正如岳蒙泉所说："黄袍不是寻常物，谁信军中偶得之"（《绿雪亭杂言》）。所以蔡东藩的《宋史演义》便毫不留情地揭露了陈桥兵变的真面目："陈桥兵变，黄袍加身，史家但言非宋祖意。吾谓是皆为宋祖所欺耳……契丹和北汉何以不闻深入？点检作天子之谣，自何而来？何来黄袍？在赵匡胤称帝时，何以首赏功臣……足见宋祖之处心积虑，固已有年……第借北征事瞒人耳目而已。"

宋太祖究竟是强夺天下还是揖让得天下，仍然是个未解之谜，希望今后的史学家能给世人一个准确的答案。

惊艳两朝帝王的花蕊夫人之谜

君王城上竖降旗,妾在深宫哪得知。

十四万人齐解甲,宁无一个是男儿!

这首《述亡国诗》悲愤婉转,不卑不亢,几句话道出了亡国缘由:从君王到兵将,竟没有一个男子汉敢于拼死一战,须眉们被关在庭院中,不能保家卫国,致使国破家亡。它表达了一个有气节的亡国之女深沉的悲哀。这位才高气傲的女诗人是谁呢?据说她就是五代时后蜀君主孟昶的妃子"花蕊夫人"。

据史书记载,花蕊夫人聪明贤淑,不但容貌美丽,而且擅长诗词。她的诗风清丽婉转,多咏叹宫中杂事,与王遂的《宫词》异曲同工。她给后世留有 100 首词,即有名的《花蕊夫人宫词》。

红颜薄命

据说后蜀君主孟昶年轻潇洒,常为找不到美女而闷闷不乐。终于有一天,他的一个心腹太监在青城明察暗访,物色到了一位美女。这位女子体态轻盈,浅着粉黛,容颜绝世,给人以空谷幽兰之感,孟昶如获至宝,立即将她召到宫中,封为慧妃。慧妃喜欢芙蓉花和牡丹花,孟昶便投其所好,特地为她修建了一座牡丹苑。孟昶带着慧妃登城饮酒赏花,望着花丛中的美人,感慨地说:"这芙蓉也不足以形容你的柔媚,这牡丹也

不足以形容你的明艳，你是人中之花，花中之蕊啊！朕封你为花蕊夫人。"至此，她便有了"花蕊夫人"的美称。

然而，好景不长。孟昶只好游乐，不理朝政。公元964年，宋太祖赵匡胤发兵南击后蜀，蜀军不堪一击，孟昶只得自缚请降，成了北宋的阶下囚。花蕊夫人也成了囚徒，和孟昶一起被押解进京。

到了汴京，宋太祖假意安抚孟昶，封他为检校太师兼中书令、秦国公。宋太祖早已耳闻花蕊夫人之名，便立即召见了她。不见则已，一见失魂，为了掩饰自己的失态，宋太祖厉声指责花蕊夫人是红颜祸水，花蕊夫人则面无惧色，坦然陈辞："做君主的掌握军政，占有权力，不能悉理朝政，强军保国，自己迷恋声色，又要将罪名加到宫妃身上，是什么道理？"随即当场索要纸笔，题了一首《述亡国诗》献上。宋太祖看了不但未责怪她，反而哈哈大笑起来。原来，投降的蜀兵有14万，而宋军才几万人。花蕊夫人的结局又如何呢？有人说，她是被宋太宗赵光义一箭射死的。也有人说，她是被宋太祖纳入后宫后，因为怀念前夫孟昶郁郁而死的。

总之，国破家亡，一个手无缚鸡之力的女人，即使再忧国忧民，又能如何？最终也只能落得个香销玉殒的结局。

"狸猫换太子" 真假之谜

"**狸**猫换太子"这一故事在中国可谓是家喻户晓，但故事并不能代表历史的真相。历史上宋仁宗与李宸妃并没有母子相认这一情节。戏曲中的"相认"一节是艺术虚构的。事实上，当宋仁宗明白自己的生母到底是谁时，李宸妃已去世许久了。现在围绕宋仁宗生母的传说多集中于另外一些说法。

 ## 版本之一

据说，宋真宗最喜欢的妃子是刘德妃。这刘德妃虽然是茶楼酒肆卖艺出身，但却长得如花似玉。15 岁的时候被弱冠之年的太子赵恒即宋真宗娶回王宫。赵恒登基之后，刘德妃从"美人""婉仪"，一直晋升到"德妃"，可惜一直未能生育。刘德妃为了和杨淑妃、沈才人争夺皇后之位，就想出了"借腹怀胎"的诡计。她刻意打扮身边的一个姓李的侍女，从而引诱宋真宗上钩。当这小宫女有了"龙种"

之后，她也装扮成怀孕的样子。不过宫女怀的是真胎，她怀的却是假胎。待十月分娩之时，"两个"龙种先后呱呱落地。结果可想而知，刘德妃导演了一场"狸猫换太子"的闹剧，李姓宫女蒙冤被打入冷宫，寂寞而死。刘德妃则如愿以偿登上了梦寐以求的皇后宝座。

其他解释

《宋史》则提供了另一种说法。

《宋史》上说，李宸妃实有其人。她原是刘德妃的侍女，生得风华绝代。李宸妃有了龙子时，刘德妃已被立为皇后，但却没有子女。于是，刘德妃请宋真宗把李宸妃生下的儿子赵祯立为己子，生生割断了李宸妃母子的联系。

后来，真宗驾崩，11岁的赵祯继位，史称宋仁宗。刘皇后被尊为刘太后，辅政掌权，也就无人敢挑明这个真相了。明道元年（1032年），李宸妃去世。刘太后想，现在仁宗并不知道自己的生身

母亲是李宸妃，一旦将来自己死去，仁宗获知了实情，痛感自己的生身母亲在生前死后都没有得到应有的待遇，一定会怨恨自己，必将迁怒刘氏的后裔。于是，她吩咐以国礼安葬李宸妃。

当朝宰相吕夷简又吩咐内侍押班罗崇勋，给李宸妃换皇后装入殓，并使用水银宝棺，刘太后也一一依允。李宸妃的丧礼举行得特别隆重，送葬的队伍很长。

1033年，刘太后死后，宋仁宗才知道自己的生母是谁。他无比悲痛，也无比愤怒，下哀痛之诏自责。他号

嚎大哭，哭自己身为天子，却未能保护自己的母亲；哭自己身为人子，却没有孝敬自己的母亲一天，让母亲含恨而终。

同时，宋仁宗命令军队包围了刘太后亲属的府第。眼看一场无情的杀戮就要开始，还是宰相吕夷简的一番公道话使仁宗冷静下来。吕夷简说："太后虽有不义之事，但以皇后礼仪厚葬宸妃，表明她已有自悔之心；刘太后虽非生母，但对陛下仍有抚育之情，不可忘。"

仁宗决定重新厚葬生母。开棺之后，他发现李宸妃没有被鸩杀、残害或者虐待的迹象，这才下令解除对刘后亲属的包围。仁宗尊李宸妃为皇后，谥章懿，亲临殡仪之所祭告。

为了弥补他对生母的愧疚之情，他把李太后的弟弟李用和一再擢升，并把福康公主下嫁给李用和的儿子李玮。

由此可见，包公与"狸猫换太子"之事毫无关系，而那位李宸妃也并没有流落民间。现在还未解开的谜是刘德妃究竟用什么方法收宋仁宗为子，此谜底至今无法揭晓。

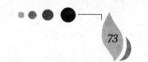
明成祖嗜杀之谜

明成祖朱棣是一个颇有作为的皇帝，但同时他又是一位性格固执、刚愎自用、猜忌多疑、杀人如麻的皇帝。永乐末年，他大肆屠杀宫女、宦官，在这次大惨案中，被杀的宫女有近 3000 人，这是明代后宫最大的一次惨案。许多人都不明白，明成祖如此滥杀宫女，到底是为什么。

失去爱妃滥杀无辜

永乐初年（1403 年），明朝强大。朱棣追求享乐，后宫美女如云。永乐五年（1407 年），皇后徐氏病死，而王贵妃和贤妃权氏是他最宠爱的妃子。选自朝鲜的美女权氏，天姿国色，聪明过人，能歌善舞，尤其善吹玉箫，深得明成祖的喜爱。

永乐八年（1410 年），成祖率军出征，带权贤妃作为随侍和其他嫔妃宫女随军出塞。可这位绝色的妃子在大军凯旋回宫时，不幸死于临城，葬在峄县。成祖十分伤心。

永乐年间，一位朝鲜商贾的女儿吕氏，史载中称"贾吕"，见到本国先期入宫的宫人吕氏，因为都是朝鲜人，又是同姓，贾吕想与吕氏交往。可吕氏对贾吕的为人很是不屑，拒绝与她结好，于是贾吕一直记恨在心。不久，成祖贤妃权氏死于北征军凯旋途中，而吕氏恰曾随军侍候过贤妃，于是贾吕诬告权贤妃是死于吕氏的毒茶。

朱棣当时正处于失去爱妃的痛苦中，闻后大怒，在没有仔细调查的情况下便下令诛杀了吕氏及有关的数百宫女和宦官。

明代后宫最大惨案

永乐十八年（1420年），朱棣准备立为皇后的王贵妃也死去了，朱棣再次经受丧失宠妃的伤痛。而贾吕与宫人鱼氏私下结好之事又在此时发生。

朱棣龙颜大怒，大发雷霆。贾吕和鱼氏非常害怕，便上吊自杀。明成祖以此为由，亲自刑审贾吕的侍婢，不料竟然查出这一班宫女要谋杀皇帝的口供。

朱棣极为恼怒，亲自对宫女们动用酷刑，因株连而死的宫女近2800名。

据《李朝实录》记载，当宫人被惨杀之时，恰有雷电击中宫殿，宫中的人都以为朱棣会因害怕报应而停止杀人，可是朱棣依然如故，丝毫"不以为戒，恣行诛戮，无异平日"。两次屠杀事件，被诛的宫女及宦官达3000人之多。

据说："明成祖晚年患病，容易狂怒，发作起来难以控制，甚至歇斯底里。他本性残忍好杀，又加上晚年的疾病，就更加狂暴异常。"官修《明史》及《实录》也只说他晚年容易发怒，至于究竟是一种什么病，发病的诱因是什么，现在已无从考证了。

崇祯帝缢死之谜

1644年春的一个拂晓，往日庄严肃穆的紫禁城一片混乱，一个中年人和他的一个随从互相搀扶着爬上了紫禁城北边的万岁山，他们找到两棵一人高的海棠树，然后拿出随身带着的绳子，在树上上吊自杀了……

他们就是明朝的最后一个皇帝崇祯帝朱由检和他的贴身太监王承恩。那么这个当了17年皇帝的崇祯究竟为什么会自杀？他的死又是谁造成的呢？这要从他继位之时说起。

天启七年（1627年）八月，熹宗病危，召信王朱由检入宫受遗命。不久熹宗撒手归天，年仅17岁的朱由榆即位，次年改为崇祯元年（1628年）。这位年轻气盛的皇帝面临的是一种风雨飘摇的局面，但是他很想凭借自己的一腔热血力挽狂澜，重建太平天下。他即位后铲除阉党魏忠贤、一心想要中兴，但是最终李自成的农民起义军冲破了北京城，明朝覆灭了，他自己也落了个自缢的下场。崇祯帝

朱由检生性懦弱、无主见，而且他继位时的明朝政治已相当腐败。崇祯皇帝也回天乏术，大臣们个个明哲保身，少有为社稷着想者。而且崇祯为人极易猜疑，大臣们更是小心翼翼、很少发言。就是到了起义军进逼京城的时候，

音也没有主动站出来为崇祯分忧的大臣。当李自成的起义军猛烈进逼时，崇祯帝惊慌得完全没了主见，处处寄希望于大臣们，希望他们能提供妙计良策，甚至替他决断，但是危急之中，大臣们又能有什么办法呢？

崇祯十七年（1644 年）三月，每天崇祯帝都要召见大臣，有时候竟达到一日三次。起初大家都认认真真地替崇祯帝谋划，提出"南迁""撤关"等，可崇祯帝总是拿不定主意，大臣们也渐渐没招了。召见中，大臣总是惶恐地说："为臣有罪，为臣有罪！"然后就不再说话，实在被问急了，就用些"练兵""加饷"等话来应付崇祯帝。每次召见，崇祯帝都非常不满，常常是中途拂袖离去，回宫后痛哭并且大骂："朝中无人！朝中无人！"

在李自成攻进京城的前三天上午，崇祯帝来到东左掖门，召见了新考选官 32 人，问他们以急策。崇祯帝本想能从新臣中寻找到良策，可一见答卷，也全是些套话。还没召见到一半，忽然太监送进一个封密函，崇祯帝拆视后脸色突然大变，原来这是昌平（今北京市昌平区）失守的总报。李自成军已经攻到昌平。但是惊慌的崇祯帝仍然无法从众大臣那里得到一计良策。

次日早晨，崇祯帝再次召见文武诸臣，半晌大家都沉默不语。崇祯帝流着泪恳请大臣们想办法，大臣们也是泪流满面地回应。忽然有位大臣大梦初醒一般，凑向前欲奏对，崇祯帝一见，马上将泪水收住，准备细听，只听这位大臣说："当务之急为考选科道。"原以为是什么良策，不想又是老套话。可这位大臣一开头，许多大臣也跟着说这人当起，那人该用。崇祯帝早就不耐烦了，俯首在御案上写了七个大字："文武官个个可杀。"起身示意退朝。

关于崇祯的死，历来众说纷纭，计六奇《明季北略》卷二十记载道："丁未五鼓，上御前殿，与二人手自鸣钟集百官，无一至者。

遂散遣内员，手携王承恩，人内苑，人皆莫知，上登万岁山之寿皇亭，即煤山之红阁也。亭新成，先帝为阅内操特建者……遂自尽于亭下海棠树下，太监王承恩对面缢死。"又有《明史》卷三百九《流贼传》说："十九日丁未，天未明，皇城不守，鸣钟集百官，无至者。乃复登煤山，书衣襟为遗诏，以帛自缢于山亭，帝遂崩。"而《明亡述略》中却说："丁未，内城陷，帝崩于西山。"《明史考证》中提出崇祯皇帝死于万岁山。万岁山，金人称为琼花岛，是元代至元四年筑的宫城，山在禁中，遂赐今名，就是今天北海的白塔山。而俞平伯在《崇祯吊死在哪里》一文中引用西方作家邓尼在《一代的伟人》中记载明崇祯皇帝砍伤长公主事后则说，崇祯帝当时精神已经有些错乱，他出了宫廷后爬上煤山，在那里查看外国来的大炮，还给李自成写了血书，要求他不要欺压百姓，不要用那些背叛了的官僚，然后在看管园子人所住的小屋椽子上吊死了。可见，对崇祯自缢而死的过程描述基本一致，但其死于何地至今还是个谜。一个力图中兴的君主竟落得如此凄凉的下场，令人深思。

皇太极继位之谜

努尔哈赤在 1627 年 8 月 21 日因毒疽发作而亡，皇太极继承汗位。历史上有关皇太极如何继位的，说法不一。据朝鲜史籍《鲁庵文集》记载："老汗（努尔哈赤）临死曰：洪佗始（皇太极）能成吾志。终无所命而死。"因而皇太极得汗位，是符合努尔哈赤临终之命的。

皇太极篡夺汗位

然而一些明清史专家认为，皇太极是从其幼弟多尔衮的手中把汗位篡夺来的。清人蒋良骐的《东华录》顺治八年（1651 年）二月记载：多尔衮声称"太宗文皇帝（皇太极）之位原系夺立"，暗示皇太极篡夺汗位。据说，努尔哈赤生前已立多尔衮为嗣子，而皇太极用尽阴谋从其幼弟手中夺取了汗位，还逼迫多尔衮生母大妃纳喇氏死殉。此说法受到一些人怀疑，因为努尔哈赤痛恨多尔衮生母不忠，去世前就曾特命她死殉。多尔衮当时才 15 岁，根本没有功业，更无威望，故不可能立他为嗣。皇太极即位后，对多尔衮大力培养提拔，而多尔衮

对皇太极万分感恩，尽心尽力辅佐皇太极，成为皇太极最得力的助手。从中可以看出，皇太极与多尔衮兄弟感情很好。

由诸贝勒推举产生

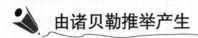

还有学者认为，皇太极的汗位并非篡夺，而是由诸贝勒推举产生。太

精致的酒壶，玲珑的杯盏，有时却是帝王之家夺命的利器。

祖努尔哈赤生前未立嗣子，而是确立了为汗者须贝勒推举产生的制度。《鲁庵文集》所记很富戏剧性：代善表示，按努尔哈赤遗愿，当立皇太极为汗。皇太极推辞，主张代善当立，并"相让走避"。国不可一日无君，大臣们一会儿去请代善，一会儿去拉皇太极，"号呼奔走于两间者再三，凡三日"，最后还是代善使人"群拥"皇太极即位。

这段叙述不见刀光剑影、没有不择手段的权力争斗，而代之以和平友好的互相谦让。可这与贯穿清朝尤其是其前期的血腥的最高权力之争，形成了强烈反差，让人难以信服。

但是按当时的情况来看，民主推举皇太极为汗，还是有可能的。因为当时人们相当崇尚武功，而皇太极的武功远远超过其他贝勒，与代善不相上下；此外，在政治策略、军事才能和个人威望上，皇太极都高出其他贝勒一筹，而且当时君主专制制度尚未发展完善，遇大事须协商办理，因而推举才能卓著的皇太极即位，也是极有可能的。

一代代的帝王为了这个金銮殿上的宝座而煞费苦心，夺嫡之争几乎贯穿了整个清王朝的统治时期。

雍正皇帝的"继位阴谋"之谜

在 1723 年 10 月，康熙不顾 69 岁高龄，到南苑狩猎。十几天后，他忽觉得身体不舒服，就回京在畅春园休养，至 11 月 12 日病情本已稳定，但 13 日病情突然恶化，当日夜里即一命呜呼。14 日大殓。几天之后，皇四子胤禛登基，年号"雍正"

雍正的突然继位，震惊朝野。各种传闻甚嚣尘上。时至今日，岁月已过去三百多年，但他的继位仍是一个不解之谜。

弑君篡位的传说

按一般正统史料记载，雍正继位是理所当然的。《清圣祖实录》记载康熙临终那天，曾召集胤祉、隆科多传旨："皇四子人品贵重，深省朕躬，必能克承大统，着继朕登基，即皇帝位。"朝鲜《李朝实录》载，康熙病重，解其所挂念珠于胤禛曰："此乃顺治帝临终时赠朕之物，今我赠尔，有意存焉，尔其知之。"还有一些能证明康熙病重期间，胤禛被委以重任的资料，足以说明康熙对胤禛的信任。如 11 月 9 日，康熙命胤禛斋戒，代皇帝行南郊大祀。13 日，康熙改派镇国公吴尔占代行祭天，胤禛三次被召。在此斋戒期间这样做是不同寻常的。

雍正六年（1728 年），有人投"逆书"，列雍正十大罪状：即谋父、逐母、弑兄、屠弟、贪财、好杀、酗酒、好

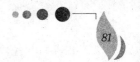

色、诛忠、任佞。

如果"谋父"实有其事，那么雍正的继位就值得怀疑了。

据说，康熙病重时，胤禛进了一碗人参汤，随即康熙就死了，接着，胤禛就继位了。也就是说，康熙是被雍正毒死的。此说似乎也在理：因为原来康熙病情已经稳定，而13日骤变，突然去世实在令人生疑。又据说，当时有个意大利人马国贤曾身临其境，认为即使不是毒害，也出现了不同寻常的变故。另据推测，畅春园是处在隆科多的严密控制之下的，他负责康熙的安全警卫及执掌卫戍兵权，而他又是雍正的舅舅，那时只有他能接近康熙，因此不排除他参与下毒的可能。

照此推理，雍正不是继位，而是篡位。

那么，雍正谋父之后，又是如何"篡位"的呢？据说是隆科多擅自篡改了遗诏，将"十四子"改为"于四子"，将"胤禛"改为"胤禛"了，雍正依诏登基，顺理成章。还有人说，雍正初年（1723年），他借口杀了隆科多是为了杀人灭口，让篡位之事变成永远的秘密。还有人推断，雍正之所以在皇十四子返京之前"谋父"，也是怕节外生枝。

究竟雍正是弑君夺位还是正常登基，历史上尚无定论，也许这会是个永远的谜案了。

雍正帝猝死之谜

雍正十三年八月二十三日（1735 年 10 月 8 日）子时，白天还在照常处理政事的雍正帝在圆明园猝然归天，终年 58 岁。这位即位时就备受非议的天子，又因它的突然离世给人留下了一连串的未解之谜——雍正为何猝死，是因病还是遇刺？

清世宗雍正猝死在圆明园离宫中，官方对此事的记载是说他因病身亡。《上谕内阁》记载：早在雍正七年，皇帝就得了一场大病，此后虽好转，但身体一直未完全康复。雍正十三年八月后，雍正病情加重，但始终没有停止政事。八月二十二日晚，雍正病情突然加剧，二十三日凌晨时就驾崩了。作为第一手资料的《起居注册》中记载："八月二十一日，上下豫，仍办事如常。二十二日，上下豫。子宝亲王、和亲王终日守在身旁。戌时（午后七时至九时）皇上病情加重，急忙在寝宫发布遗诏给诸王、内大臣及大学士。龙驭上宾于二十三日子时（夜十一时至翌日一时）。由大学士宣读朱笔谕旨，着宝亲王继传。"宝亲王即后来的乾隆帝。

然而，民间对此的传说则更为离奇。一种说法是雍正是遇刺身亡的。例如在《满清外史》《清宫遗闻》《清宫十三朝》等记载中说吕留良的孙女吕四娘刺杀了雍正帝。吕留良文字狱发生于雍正六年。

吕留良及其子被处死，孙辈发配边疆为奴。传说吕四娘以宫女身份混入皇宫侍奉皇上，伺机行刺。还有传说四娘在吕案发生后逃亡外地，练就一身功夫潜入宫内，以飞剑砍去雍正脑袋。即使下

笔严谨的学者，在提到雍正死因时，也会提及这些传闻。但很多人并不认同这一说法。他们认为吕四娘根本不可能混进宫。虽然曾经也有过罪犯眷属，特别是 15 岁以下女子，没收入宫为奴，然而吕氏的孙辈都在宁古塔为奴，吕四娘不可能漏网。再有，紫禁城内明令整肃，与有"亭台园林之胜"称号的圆明同根本不可比较。因此，皇帝实际上一年之中的三分之二时间都住在圆明园这个离宫。他"自新正郊礼毕移居冈宫，冬至大祀前始还大内""盖视大内为举行典礼之所，事毕即行，无所留恋也"。而且，宫内守卫森严，雍正二年起，便设护军营，一个女子根本不能飞檐走壁，逃过森严的戒备，轻易地就进入寝宫，刺杀皇帝。因此，雍正遇刺身亡的说法便受到了一定的质疑。

另一种说法认为世宗既不是遇刺身亡，也不是寿终正寝，他可能是服丹药中毒而亡。这是从宫中档案等资料中推出的结论。世宗生前，在宫中曾蓄养了一些僧道异能之士，他死后第三天，乾隆帝就下旨驱逐了炼丹道士。按说新君刚登基，尚有众多事务待理，却紧急驱逐数名道士，这种做法确有奇怪之处。乾隆说其父并未听道士之言，更未服用丹药，但为何世宗又允许这些僧侣留在宫中，显然乾隆在为父亲辩解。驱逐道士的同日，乾隆另降一道谕旨谕令内监、宫女，告诫他们不许妄行传说国事，"恐皇太后闻之心烦""凡外间闲话，无故向内廷传说者，即为背法之人""定行正法"。中毒身亡论者认为此事必与世宗猝死有关，否则为何皇太后闻听外间闲话会心烦。

种种传言给雍正帝的死因蒙上了层层的神秘面纱，让人难以看清其中的真相。到底他因何而亡，看来只能等到考古学家开启他的陵墓，利用现代医学技术来给出答案了。

乾隆皇帝是汉人吗

关于乾隆皇帝的身世之谜，一直是史学家们争议的话题。

《清朝野史大观》记载：雍正皇帝与海宁陈氏一家非常友好，他们常常相互往来。这一年，两家都生孩子，而且是同月同日。雍正皇帝就命人把陈家的孩子抱进宫中看看。谁知抱入宫的是个男孩，抱出宫的却是个女孩。那时雍正皇帝还只是皇子。不久，康熙去世，雍正即位。陈氏一门许多人都身居显位。乾隆即位后，对陈家更是恩宠有加。他一生6下江南，4次拜访海宁陈家，询及家世。

仍是满人

另有记载，海宁陈家有两块匾，一题"爱日堂"，另一为"春晖堂"，都是乾隆皇帝亲手所书，而且都有儿子孝顺父母、报答父母养育之恩的含意。从而印证了乾隆即陈氏之子这一猜测。

正史学家们对这一说法当然要给予反驳。其理由是：雍正子嗣很多，乾隆是四子，在其上已有三子，雍正没有必要抱回一个汉姓孩子来做自己的子嗣，况且那时的皇子胤禛还不一定成为"雍正"皇帝。

此外，陈家是清代颇有名望的大家族，三代皇帝（康熙、雍正、乾隆）期间都有人为官，且权势很大。清代的皇帝世代与陈家有交情往来，乾隆在位期间，因重视浙江海塘的修建，曾6下江南，住在与其父辈素有交往的陈家也无可厚非。

虽然正史学家们说得有依有据，但仍无法消除人们"乾隆是汉人"的观念。如果这个传说纯属子虚乌有，那为什么在清末如此盛传呢？雍正有子就能说明乾隆不是汉人吗？这个谜团至今还无人能解。

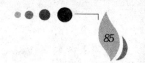

香妃的传说之谜

民间传说中有这样一个故事：乾隆年间，清军攻打回疆，定边将军兆惠俘获一回部王妃，她天生丽质，更为奇特的是她的身体会散发异香，人称香妃。乾隆帝对她大为倾心，纳之为妃，为讨其欢心，还建造了一座宝月楼，供香妃居住，希望其顺从。但香妃性格刚烈，誓死不从，并身藏利刃，以示决心。皇太后获悉后，召见香妃，问她："你不肯屈志，究竟作何打算？"香妃以"唯死而已"相答，于是太后趁乾隆帝宿斋宫之际，命人将香妃缢死。香妃死后，乾隆帝悲伤不已，最后以妃礼将其棺椁送往故乡安葬。这个传说在清末明初颇为流行，出现了许多叙述香妃故事的戏曲说唱、小说诗歌，使不少人对有关香妃的传闻信以为真。1914 年，故宫浴德堂展出《香妃戎装像》，于是传言日甚。

并无香妃其人

有人指出，有关香妃的事迹仅为传说而已，事实上根本不存在香妃其人。乾隆帝先后有嫔妃四十多人，只有容妃和卓氏来自叶尔羌（今新疆莎车）回部，一般认为她就是传说中的香妃。然而，容妃并不是被掠进宫的。和卓氏是噶木巴尔的后裔，乾隆二十五年（1760 年）二月，和卓氏亲属因配合清军作战平定回部有功而受封，并到京城定居，和卓氏也一起来到京师。后和卓氏被选入宫，乾隆二十七年（1762 年）五月被封为容嫔，乾隆三十三年（1768 年）六月，被晋升为容妃，时年三十五岁。容妃深得乾隆帝宠爱，于乾隆五十三年（1788 年）四月病故，年 55 岁。史籍与档案中，并未记载容妃能够体散异香，更无被皇太后赐死的结局。可见，她不是香妃。

另外，有史料证明，乾隆帝建宝月楼并非为了容妃。从时间上来说，宝月楼建在容妃进京之前，当时乾隆帝不可能预见和卓氏进京并能为己所爱。那幅清代女子戎装像的命名，也是极不可靠的。所以香妃事迹纯属虚构。

容妃墓

河北遵化县马兰峪清东陵裕妃园寝中，亦有一座容妃墓。1979年10月被发掘，地宫由两个券堂组成，均为拱券石结构。在金券的宝床上，停放着一口红漆棺木，棺帮被盗墓人砍开一个大洞，棺中已空，棺头正中有数行回文文字，棺木西侧有一头骨，西北角又有一根85厘米长的花白发辫、青缎衬帽、包头青纱等，还有一些龙袍残片和几件织物，织物上织有"江南织造臣成善""苏州织造臣四德"等字样，墓中原还存有如意、荷包、珍珠、宝石、猫眼石、钻石等。

历史悬案

LISHI XUAN'AN

周公为何没有取周成王而代之

西周时期，周武王驾崩，太子成王年纪尚小，关于周公作为叔父如何处理当时朝中政治局面的这一问题，从春秋时期到现在，一直是众说纷纭。

《左传·僖公二十六年》称，周公曾"股肱周室，夹辅成王传"；《史记·周本纪》也载，由于天下刚刚稳定，成王还在少年时期，"周公……乃摄行政，当国"。从这些史料中可知周公只是"夹辅"或"相"成王，"摄（代为）行政"，并没有篡夺王位的意思。《孟子·万章》说得更为详细："周公尔有天下。"

然而有些史料中记载，周公的所作所为并不是这样的。《荀子·儒效》和《淮南子·记论训》的记载表明，周公想要夺取天下。

《礼记·明堂位》和《韩诗外传》卷三也称：周公想要坐上天子的位置。《尚书·大传》更是明确地指出，周公身居要位，管理着天下的国事。据今人考证，《尚书·大诰》中的"王"把义土称为"宁王"，也称作"宁考"。"考"，是对已故父亲的称呼。文王的儿子是周公，文王的孙子是成王，所以只有周公才能称文王为"考"。《尚书·唐诰》也记载："王若曰：孟侯，朕其弟，小子封。"周公的同母弟是康叔，"封"即为康叔之名。《康诰》中的王对康叔称"弟"，显然

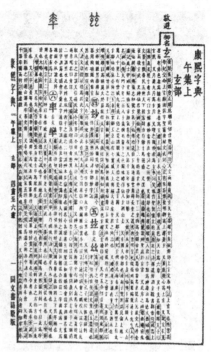

这个"王"又是周公。据上述条件可知，身居王位的周公的确自称为王。

为什么周公会僭位称自己为王呢？根据《尚书·金》的记载，周公曾对太公、召公说："我不管理国家，我没有办法告慰我的先王。"众所周知，武王死后，国家还未统一。由于成王年幼，无法担负起这个重任。周公经过深思熟虑，觉得如果自己不称王，则各诸侯就会造反，先王的统一大业将毁于一旦，自己死后无法向先王交待。《荀子·儒效》也说，周公"履天子之籍"的原因是"恶天下之倍（背叛）周"。的确，由于刚创下基业，政局不稳定，成王年幼无知，还没有治理国家的能力，如果想巩固新生政权，就需要一位经验丰富的君主。其实，武王在临死前也想把王位传给周公。《逸周书·度邑解》记武王曾称赞周公为"大省知"，认为只有周公能稳定周初的政局，因而主张应该由周公来继承王位。当武王把自己的想法告诉了周公时，周公"泣涕共手"，即感激又害怕，并说自己不能这么做。这足以证明，周公并不是想篡权夺位。故《韩非子·难二》说："周公旦假为天子七年。"他也只是代替成王打理国事，等成王长大再主动交出权位。《汉书·王莽

周公吐哺，天下归心。无论真相如何，周公旦对于周王朝的安定统一作出的贡献都是不容抹杀的。

传》载，群臣上奏说："周公掌握大权，那么周朝就有道，且王室安稳，如若不然，周朝就有灭国的危险。"正因如此，周公才以天子的身份，对众多的大臣发号施令，常常称为天命。很明显，周公是为整个江山社稷作打算，才会"假为天子"。

但是，有些史料对此还有另一种说法，《荀子·儒效》记载说，周公屏除成王而继接武王来治理天下，有人说"偃然固有之"，这怎么不是想篡位呢？《史记·燕召公世家》又记当时"召公疑之"，《鲁周公世家》也记载周公对太公、召公解释过这个问题。召公、太公都是贤明之人，如果当时周公安分守己，怎么都怀疑他呢？特别是管叔、蔡叔他们都害怕周公的所作所为对成王会有很大的威胁，所以才会发生暴乱。看着管、蔡的表现，足以证明他们对周王朝的忠心。

关于周公究竟是为了周王朝的江山社稷而正大光明的代为执政，还是因为要尽手段要篡权夺位而没有得逞的问题，要想在现今大量纷繁复杂的历史古籍中找出答案，十分困难。

也许事情的真相只能被历史的尘埃所掩埋了。

孟姜女其人真相之谜

孟姜女庙位于山海关凤凰山顶，庙的周围还有"望夫石""望夫山""振衣亭"和"姜女坟"等古迹。孟姜女在人们心目中是一位"贞烈女神"的形象，受到历代上自帝王、下至百姓的景仰，来此烧香祷告的人络绎不绝。

 ## 孟姜女哭长城

孟姜女是何许人也？她为何有此殊荣？

传说秦始皇时，有一对新婚夫妇，男的叫范喜良，女的叫孟姜。两人相亲相爱，海誓山盟。可是新婚才三日，新郎范喜良就被强征为民夫，到远方修长城去了。从此，两人相隔万水千山，音讯全无。孟姜女思夫心切，为范喜良一针一线赶制了一件寒衣，便只身上路，万里寻夫。踏过了千山万水后，她终于来到了北方崇山峻岭间的长城脚下。然而，在成千上万饥寒交迫、蓬头垢面的民夫中，她怎能找到自己的丈夫。后来听人说范喜良因为受不了繁重的劳动累死了，尸骨就埋在长城脚下。孟姜女一时悲恸欲绝，放声大哭了三日三夜。悲怨之情惊天地，泣鬼神，突然听见"轰隆"一声，长城一下子倒塌了近 400 千米，范喜良的尸骨重见天日，孟姜女痛不欲生，在绝望之中投海而死。

这就是很有名的"孟姜女哭倒长城"的故事。

是否真有其人

那么，孟姜女是否实有其人呢？哭倒长城是否实有其事呢？这引起了许多专家学者的兴趣。

据说，范喜良和孟姜女两人都有故事原型。范喜良的原型是春秋时齐国的大夫杞梁殖，孟姜女的原型是杞梁殖之妻。

《左传·襄公二十三年》中是这样记载的：

公元前550年，齐庄公率领军队攻打卫国和晋国，回师途中偷袭了莒国，没想到遭到了顽强的抵抗，齐庄公的大腿受了伤。当天夜里，齐庄公派杞梁殖和华周两人带一支奇兵埋伏在莒国都城附近。不料这支伏兵被莒国人发现并包围了，双方经过一番激战，这支伏兵全军覆没，杞梁殖战死疆场。《列女传·杞梁妻》中这样写道：杞梁妻没有儿子，也没有"五服"以内的亲戚，她在临淄城外，迎接

杞梁殖的尸体，抚尸痛哭，整整哭了10天。突然一声巨响，临淄城城墙倒了半截。于是民间传言这城墙是杞梁妻哭倒的。在掩埋了丈夫的尸体之后，杞梁妻也投水自尽了。

看起来，这时的孟姜女还叫"杞梁妻"，哭倒的也不是秦长城。

在唐、五代《敦煌曲子集》的曲子《捣练子》中，也曾出现过孟姜女的名字。全曲是：

孟姜女，杞梁妻，一去

烟山更不归，造得寒衣无人送，不免自家送征衣。

长城路，实难行，乳酪山下雪纷纷，吃酒则为隔饭病，愿身强健早还归。

在这支曲子里，故事情节已粗略具备，但并未提及"哭倒长城"一事。

等到五代贯休的诗中，才有了一个完整的结尾，即因孟姜女恸哭亡夫，使长城倒塌，夫尸出土，于是夫妇的魂魄相伴回乡。

综上所述，"孟姜女哭倒长城"的演变是这样的轨迹：

《左传》：杞梁殖战死。

《列女传》：杞梁妻哭城、城崩、赴淄水而死。

《敦煌曲子词》：孟姜女赴燕山长城送寒衣。

五代贯休诗：孟姜女哭倒长城。

而事实上，长城是不可能因哭声而被震倒的，人们之所以把发生在春秋时期的吊亡故事强加在秦始皇头上，主要是反映了人民对造成妻离子散、家破人亡的秦代暴政及繁重徭役的强烈愤恨和反抗。

其实，修筑长城是历代封建王朝各种劳役中最为残酷、最具代表性的一种。2000年来，长城屡修屡补，强征无数民夫，任何朝代都会产生像孟姜女那样的悲剧。孟姜女其人的真伪已经不再重要，孟姜女哭倒长城的故事，是对历代帝王暴虐统治的控诉，也是对受压迫人民不畏强暴、坚贞不屈精神的歌颂。

历代王朝的君主都不遗余力地修建长城，将北部边防的希望寄托其上，可依旧阻止不了北方的铁骑南下的步伐。

项羽不肯过江东之谜

"**生**当作人杰,死亦为鬼雄。至今思项羽,不肯过江东。"这是著名女词人李清照为我们留下的一首脍炙人口的名作。项羽是秦末农民起义军的领袖,他不听人言,刚愎自用,最后在楚汉之争中失败,不得不自刎于乌江边。那么,项羽为什么不渡乌江呢?二千多年来,人们众说纷纭。

羞愧而死

有一种观点认为,项羽不过江东,是因为虞姬之死。

项羽的死与虞姬的死有必然联系吗?有学者认为项羽因"虞姬死而子弟散"心生羞愧,于是不肯过江,拔剑自刎。这样说是有一定道理的,但说项羽不肯过江东只是因为虞姬之死就显得理论不足了。而这一点与《史记》上说的"项王笑曰:'天之亡我,我以何渡为!且籍与江东子弟八千人渡江而西,今只一人还,纵江东父兄怜而王我,我何面目见之?纵彼不言,籍独不愧于心乎?'"一致。"子弟散",一方面与他说的"天之亡我"吻合,一方面也是"无颜见江东父老"的原因。项羽即便过江,败局也已确定。因而,他选择了不渡乌江。

可有的学者也提出,自固陵战败后,项羽接连失利,退到垓下,又突围逃往东南而至乌江边。由此

可见，他早有退守江东之意，并且是一路逃奔。若说项羽由于失败而使江东八千子弟葬送性命而无颜见江东父老的话，那么在垓下被围时，"虞姬死而子弟散"，他就应羞愧自杀。渡淮之后从骑仅百余人，至阴陵又迷了路，结果被农夫欺骗，身陷天泽，被汉军追上。如此狼狈的境遇他也没有羞愧自杀，而后项羽又逃至东城，被汉军重重包围。尽管他仅剩28骑，仍然组织起来作了一番搏杀。这时候项羽仍"欲东渡乌江"。所以，说他好不容易逃到乌江岸边，却因感到羞见江东父老而自杀实在让人难以信服。项羽的羞愧来得太突然，太不合情理了。因此这很可能是司马迁为使情节完整而作的渲染。

想早日结束战争

还有人认为项羽不渡乌江是想早日消除人民的战争苦难。项羽确实曾想过结束战争，他觉察到"楚汉久相持不决""丁壮苦军旅，老弱罢鞍漕"，所以对刘邦说："天下匈匈长岁者，徒以吾两人耳，愿与汉王挑战决雌雄，毋徒苦天下之民父子为也。"最后他甚至想要牺牲自己的利益通过谈和换取刘邦的让步，以鸿沟分界而治，但是刘邦却违约出兵。当项羽认识到自己无法立即消灭刘邦而又无法谈和时，项羽只有牺牲自己以结束战争。

项羽究竟为何不渡乌江，两千多年来都未有定论。

"昭君出塞"之谜

关 于中国古代四大美女之一王昭君的故事，华夏儿女几乎无人不知。

2000 年前，中国北方有个民族叫"匈奴"，他们统治着大漠南北，强悍好战，常常侵扰中原。汉元帝竟宁元年（公元前33 年），一个叫呼韩邪单于的匈奴首领，希望和汉朝修好，于是亲自到了汉朝都城长安，提出"和亲"的请求。

昭君出塞

为了结好匈奴，给汉朝休养生息赢得时间，汉元帝同意了"和亲"请求。汉元帝选了五名宫女给呼韩邪单于，其中就包括王昭君。起程那天，王昭君浓妆艳抹，仪态万方，光彩照人，把这样一个绝色美女送去匈奴令汉元帝深为后悔。到了匈奴，她被封为宁胡阏氏，地位相当于汉人的皇后。一年后，她给呼韩邪单于生了个儿子，被封为右日逐王。后来，昭君的丈夫死了，按匈奴的风俗，她又嫁给了她丈夫前妻的儿子复株累若鞮单于，之后生了两个女儿。出塞之后，王昭君非常想念祖国和亲人，并多次派使者到汉朝，同汉帝敬

献土物特产。年老的时候，她又立下遗嘱，要求死后安葬在归化，坟墓要坐北朝南，以便死后还能遥望故土。昭君墓现在就坐落在呼和浩特市南郊，后人称其为"青冢"。

据说，自昭君出塞之后，汉与匈奴之间六十多年没发生过战争。

后世的文人墨客为了纪念王昭君写

了许多诗文。

有的人写她悲苦，如晋代的石崇：

哀郁伤五内，泣泪沾朱缨。

有的人写她凄凉，如唐代的杜甫：

一去紫台连朔漠，独留青冢向黄昏。

有的人赞她深明大义，为国和亲，如宋代的郭正祥：

能为君王罢征战，甘心玉骨葬胡尘。

有的人则为她请功，如清代的郭润玉：

琵琶一曲千戈靖，论到边功是美人。

在"四大美人"图中，王昭君也是只身骑在马上，怀抱琵琶，跋涉在通往塞外的茫茫荒野上，满含幽怨……

王昭君本人的离奇遭遇，果真如人们臆测的那样吗？对她来说，出塞是悲是喜，是幸还是不幸，都留给后世不少值得猜测的谜团。

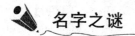 名字之谜

《匈奴传》中说："元帝以后宫良家子王嫱字昭君赐单于。"可是按西汉宫廷规矩，宫女自入宫之日起，就不许呼其娘家的名字。所以，王昭君的本名无人知晓。《汉书·元帝纪》提及她时称"王樯"，即她是位被船只载运入宫的王姓姑娘。《匈奴传》称其为"王嫱'，好像只是个记音义的符号。后来，都称昭君为"王嫱"，"嫱"的意思是"古时宫廷里的女官"。出塞前，为了抬高她的地位，元帝赐封她为"昭君"。这样，久而久之，"昭君""王嫱"作为标志她政治地位或出身特征的称呼便成为了她的名字。这个说法与传统说法"姓王名嫱字昭君"根本不同，但似乎又言之有理。

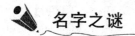 她的祖籍之谜

一般人认为昭君原是湖北兴山人，汉族姑娘。但是，据多方考

焜，昭召实为四川人，是土家族女子。她从水路乘船入宫，名"嫱"，这就否定了其"湖北"祖籍。入宫之后，她又不愿巧言令色，献媚邀宠，更不愿贿赂画师作"美人图"以求进幸。当匈奴单于求婚时，她又主动提出愿意去匈奴和亲。到塞外后又随胡俗先后做了两代单于之妻，生儿育女，这种刚强不屈的性格，对于受封建礼教束缚较深的汉族宫女来说，是很难办到的。另外，她的家乡为"百蛮"杂居之地，女多男少，女子难嫁，所以她和亲时，"靓妆"请行，唯恐不被选中，不以为苦，反当美事，这说明她与汉族女子的婚嫁观念绝不相同。至于她究竟是不是四川土家族人，这在史学界尚无定论。

出塞原因之谜

据说，当时宫内画师很受青睐，汉元帝召幸宫女，皆以画师画的宫女像为参照，而王昭君自恃貌美，不愿用金钱收买画师毛延寿，结果画像丑陋，未能得宠。为了摆脱困境，她才主动请求出塞和亲。另有学者认为，王昭君虽然是平民出身，但不同凡俗，胆识过人，是一位自愿应召、为国分忧的巾帼英雄。

尽管关于王昭君的传说后人有较大的争议，但昭君出塞的历史功绩是应予肯定的。我国是个多民族国家，各民族只有和睦友好才有利于经济发展。昭君的自请出塞为民族团结和经济发展作出了杰出的贡献。

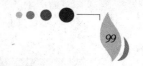
诸葛亮娶丑女为妻之谜

诸葛亮的名字可谓众所周知，他已成为忠臣良相的化身。他辅佐刘备建立政权，最终使蜀汉集团成为三足鼎立中的一方。他的一生，有很多奇闻逸事，"孔明择妇"便是其中的一件。

出于政治上的考虑

诸葛亮不仅有才，而且相貌俊伟，据《三国志·诸葛亮传》记载，诸葛亮"身高八尺，犹如松柏"，但他却选择"瘦黑矮小，一头黄发"的丑女阿丑作为妻子。这是为什么呢？传统观点认为，诸葛亮不看重容貌而注重人的内在美。阿丑自幼才识过人，诸葛亮早在成婚前就已经听说。这不无道理，但并非全部原因。

其实，诸葛亮娶阿丑，也是出于政治上的考虑。根据《三国志·诸葛亮传》裴松之注所引《襄阳记》记载："黄承彦者，高爽开列，为沔南名士。谓孔明曰：'闻君择妇，身有丑女，黄头黑色，而才堪匹配。'孔明许，即载送之。时人以为笑乐，乡里为之谚曰：'莫作孔明择妇，正得阿承丑女。'"还有一种说法是诸葛亮家庭穷困，出身卑微，自幼丧父，少年时代便过着朝不保夕的生活，又处于军阀混战的年代，深受强宗豪族的压迫。后来跟着在南昌做豫章太守的叔父诸葛玄生活。14岁时，叔父因官被削而投靠了刘表；17岁那年，叔父死了，诸葛亮失去

丁依靠，就定居在襄阳城西 10 千米外的隆中。虽然他住在乡下，但他并不想安安静静地隐居一辈子，他时刻关心着国家的盛衰，有着为国家尽忠的抱负，胸中怀有广阔的壮志雄心，他立志要登上政治舞台而建功立业。

这种政治上的考虑一定会影响到诸葛亮的婚姻大事，甚至还波及到了家人的婚事。这也是为了在上层社会站稳脚跟，以便今后一展鸿图。为此，他在家庭婚姻方面，做了三件事：第一，将他的姐姐嫁给了荆州地主集团中在襄阳地区名气很大的首领人物庞德公的儿子，庞德公对其赏识备至，称他为"卧龙"，从此，他就在荆州有了地位。第二，诸葛亮为弟弟娶了在南阳地区数一数二的林氏之女为妻。第三，他自己的亲事，当然要达到既留在荆州又能结交望族这样的政治目的，这也就是诸葛亮在荆州而不到其他地方去的原因。所以，诸葛亮娶了丑女黄氏为妻。

从此进入上层社会

诸葛亮为何不顾忌众人嘲笑而娶丑女黄氏呢？如果是别人他也许会犹豫，但是黄氏之女他是一定要娶的，这是因为黄承彦在当地很有声望，再加上黄妻蔡氏和刘表的后妻是姐妹关系，成为黄家的女婿，就能与刘表攀上皇亲。

据《诸葛亮新传》记载：当黄承彦当面询问诸葛亮时，他立刻"拜谢泰山"，一锤定音，把从未见过面的阿丑娶进门来，从而也为诸葛亮进入上层社会开了"绿灯"。

从封建传统文化来说，贤妻、美妻、正妻要相夫教子，帮助丈夫管理家务。诸葛亮深受历史文化的影响，在自己的婚姻上，自然遵循"贤妻美妻"的教诲，而据《三国志》记载，诸葛亮其后还娶过一妾。但诸葛亮娶丑妇的动机尚不能确定，只能留待后人研究探寻了。

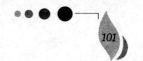

明代"壬寅宫变"之谜

自古以来，防备最森严的地方都是皇宫。皇帝为防人行刺，日日夜夜命人巡逻守卫。明朝也不例外。但是在明朝的嘉靖年间，宫中却发生了一次在历史上罕见的宫变——壬寅宫变。

明朝皇帝的寝宫是紫禁城内的乾清宫。除了皇帝和皇后，其余人都不可以在此居住，妃嫔们也只是按次序进御，除非皇帝允许久住，否则当夜就要离开。嘉靖年间的乾清宫，暖阁设在后面，共9间。每间分上下两层，各有楼梯相通。每间设床3张，或在上，或在下，共有27个床位，皇帝可以从中任选一张居住。因而，皇帝每天睡在哪里，谁也不能预知。这种设置一定程度上保护了皇帝的安全，但对最贴身的宫女却毫无防范作用。而也正是这群宫女做出了惊天动地的大事。

事情发生在嘉靖壬寅年（嘉靖二十一年，即1542年）。当时史料曾有如下记载：

嘉靖二十一年十月二十一日凌晨，十几个宫女决定趁嘉靖帝朱厚熜熟睡时把他勒死。先是杨玉香把一条粗绳递给苏川药，这条粗绳是用从仪仗上取下来的丝花绳搓成的，苏川药又将拴绳套递给杨金英。邢翠莲把黄绫

故宫前的铜兽显示着皇家的威严。

抹巾递给姚淑皋，姚淑皋蒙住朱厚熜的脸，紧紧地掐住他的脖子。邢翠莲按住他的前胸，王槐香按住他的上身，苏川药和关梅秀分把左右手。刘妙莲、陈菊花分别按着两腿。待杨金英拴上绳套，姚淑皋和关梅秀两人便用力去拉绳套。眼看她们就要得手，绳套却被杨金英拴成了死结，最终才没有将这位万岁爷送上绝路。宫女张金莲见势不好，连忙跑出去报告方皇后。前来解救的方皇后也被姚淑皋打了一拳。王秀兰叫陈菊花吹灭灯，后来又被总牌陈芙蓉点上了，徐秋花、郑金香又把灯扑灭。这时管事的被陈芙蓉叫来了，这些宫女才被捉住。朱厚熜虽没有被勒断气，但由于惊吓过度，一直昏迷着，好久才醒来。

事后，司礼监对她们进行了多次的严刑拷打，对她们逼供，但供招均与杨金英相同。最终司礼监得出："杨金英等同谋弑逆。张金莲、徐秋花等将灯扑灭，都参与其中，一并处罚。"

从司礼监的题本中可知，朱厚熜后来下了道圣旨："这群逆婢，并曹氏、王氏合谋弑于卧所，凶恶悖乱，罪及当死，你们既已打问

明白，不分首从，都依律凌迟处死。其族属，如参与其中，逐一查出，着锦衣卫拿送法司，依律处决，没收其财产，收入国库。陈芙蓉虽系逆婢，阻拦免究。钦此钦遵。"刑部等衙门领了皇命，就赶紧去执行了。有个回奏，记录了后来的回执情况："臣等奉了圣旨，随即会同锦衣卫掌卫事、左都督陈寅等，捆绑案犯赴市曹，依律将其一一凌迟处死，枭首示众，并将黄花绳黄绫抹布封收官库。然后继续捉拿各犯亲属，

到时均依法处决。"在嘉靖帝的圣旨中提到了曹氏、王氏，那么曹氏、王氏是何许人也呢？据考证，她们是宁嫔王氏和端妃曹氏，因此，有人根据这道圣旨得出结论，是曹氏、王氏指使发动了这场宫廷政变。

司礼监题本中记录了杨金英的口供："本月十九日的东梢间里有王、曹侍长（可能指宁嫔王氏、端妃曹氏），在点灯时分商量说：'咱们快下手吧，否则就死在手里了（手字前可能漏一个'他'字，指嘉靖帝，或有意避讳）。'"有些人便以这一记载作为主谋是曹氏、王氏的证据。

然而有人则不以为然，认为如果主谋是曹氏和王氏，那么史料上应该记载宁嫔王氏和端妃曹氏的情况，而在以上所述的行刑过程当中，却从未见到过对曹氏和王氏处置的描述，因此主谋是谁尚不能断定。除了此种说法之外，还有多种说法，明末历史家认为这只不过是"深闺燕闲，不过衔昭阳日影之怨"。还有可能是由于嘉靖帝为炼制长生不老的丹药，酷虐宫女所致。

这一段历史秘辛的事实真相究竟如何，无人知晓，因此这成为又一桩未解的宫闱之谜。

赤壁之战曹操缘何败北

对于在赤壁之战中曹操为什么会在拥有强大兵力的前提下最终失败，过去学术界几乎都说是孙、刘联军采用"火攻"策略的结果。但是，据《三国志·魏书·武帝本纪》记载："（建安）十三年，秋八月，公南征刘表……至赤壁，与备战不利，于是大疫，吏士多死者，乃引军还。"其中并未提到孙、刘火攻之事，而《国志》中另一处记曹操给孙权的书中亦云："赤壁之役，值有疾病，孤烧船自退，横使周瑜虚获此名。"这是曹操有意掩盖这次战斗败绩的原因，还是由于疾病的关系"引军自还"呢？

血吸虫病的罪过

1981 年第 11 卷第 2 期的《中华医史杂志》发表了李友松的《曹操兵败赤壁与血吸虫病关系之探讨》一文，文中指出曹操兵败赤壁的真正原因是"疾病"——急性血吸虫病。作出这一推断的理由有三：

一、血吸虫病是我国一种古老的疾病。《周易》卦象"山风蛊"和 7 世纪初叶的《诸病源候论》中已有类似的记载；1973 年，湖南长沙马王堆一号汉墓出土的女尸，其肠壁和肝脏组织都发现有血吸虫虫卵，说明当时血吸虫病已相当流行，连当时的贵妇人也难以幸免，而赤壁之战的战场正是当时血吸虫病严重流行的地区。

二、从时间上来说，赤壁之战的时间又恰是血吸虫病的感染季节。曹军的转徙、训练时间是在秋天，曹军在赤壁之战前染上血吸虫病，经过一个月以上的时间发病，

致使大战时疲病交加，不堪一击。

三、同是在水上作战并在疫区内转移与行军，为什么孙、刘军队没染上血吸虫病呢？因为人或动物感染血吸虫病后，体内会产生一定的免疫力。刘、孙军队长期在疫区中从事生产、生活，士兵感染的血吸虫病多数是属于慢性的，特别严重者也早已死亡。而曹军初到南方，士兵不适应疫区环境，急性血吸虫病极易突然发作。

兵败应另有原因

有的人则认为曹军败北的原因是多方面的，至于"疫病如何，更有待考查"。理由是：

一、曹操训练水军的地点并不在血吸虫病流行的疫区。据历史记载，曹军训练水军的地方应在黄河以北的邺（今河南安阳县境），那里并未发生过血吸虫病。曹军驻留江陵时，不是晚秋之时而是隆冬时节，所以感染血吸虫病的机会是极少的。

二、史载，曹操水军主要来自刘表，他们大多是湖北人，世居血吸虫病的流行区，具有免疫力。另外，刘璋补充给曹操的兵卒是四川人，亦是来自血吸虫病疫区，也具有一定免疫力，把曹操、孙、刘联军分为急、慢性血吸虫病两种不同人群也是不妥当的。

三、血吸虫病的潜伏期一般在一个月左右，但其时间的长短与天气冷热有关。潜伏期长，发病症状就会较轻，若曹军在江陵或行军途中感染血吸虫病，到十二月（阴历）时发病机会已经很小，就算发病，症状也不会太严重，更不要说许多官兵同时发病，并导致军事上的全线退败了。

曹操不称帝之谜

一代枭雄，挟天子，令诸侯，逐鹿中原，叱咤天下的曹操，是三国时期著名的政治军事家、文学家，他的一生是辉煌的、传奇的。同时，他所作的一些事情也充满着迷雾，让后人百思不得其解。例如，当时曹操是势力最强大的诸侯，更是把持朝政，挟天子以令诸侯，可为什么他不废帝自立呢？

在毛泽东的笔下曹操是"往事越千年，魏武挥鞭，东临碣石有遗篇"的风流人物。大家仔细回味一下曹操的一生，无论其是否承认，他都是在自觉与不自觉间开辟了一条帝王之路。如果说建安元年（公元196年）前曹操在这方面的努力是一种未雨绸缪的铺垫，那么从建安元年起，他就开始坚定了称帝的决心，并且不遗余力地

努力着。建安元年八月，曹操亲至洛阳朝见汉献帝，随后挟持汉献帝迁都许昌，此时的汉献帝已成为他的傀儡和王牌，至此曹操开始"挟天子以令诸侯"。汉献帝任命曹操为大将军，封武平侯，后来因为袁绍不满，曹操才将大将军的职位让给了袁绍，自己改任司空，兼车骑将军，朝政大全也落在了曹操的手中。

随着曹操实力的不断增强，他对于朝政的控制也越来越严密，汉献帝的傀儡化程度

也随之加深。

建安二十二年（公元217年）四月，汉献帝下诏为曹操设置只有天子才可使用的旌旗，允许其外出时像皇帝那样。五月，曹操修建了诸侯有权享受的学宫——沣宫。六月，曹操任命军师华歆为御史大夫。十月，汉献帝下诏准曹操可以像皇帝那样头戴悬垂有十二根玉串的礼帽，乘坐专门的金银车，套六马，同时封其长子五官中郎将曹丕为魏国太子。至此，曹操完成了夺取帝位和世袭权力的所有准备。这时

的曹操不但控制了朝廷的一切大权，使自己成为实际上的皇帝，而且在形式上他也同皇帝没有什么不同。曹操惟一没得到的，也只是一个皇帝的名号而已。

由此可以看出，曹操的称帝意图早已昭然若揭，但他为什么至死也没有迈出这最后的一步呢？有人认为，他可能是要把这最后一步让给自己的儿子来完成。分析其原因为：

第一，孙权劝曹操称帝是从自己的利益出发的。这是因为他认为这样做可以获得曹操的信任，从而实现吴、魏之间的和解，自己就可以专心对付蜀汉。襄樊之役中，孙权为了从刘备手中夺回荆州，从背后袭击关羽，帮了曹操的大忙，但却得罪了刘备。吴、蜀之间长达10年的联盟关系就此结束，这时的孙权需要缓和同曹魏之间的矛盾，否则会陷入腹背受敌的困局之中。同时，如果曹操真的称帝，将会遭到拥汉派的强烈反对，因此陷入困境，从而减轻对吴国的威胁。因此，孙权阳奉阴违，曹操识破了孙权的意图，不肯轻易上当。

第二，从当时形势看，如果曹操贸然称帝，确实会给其政敌和拥汉派势力一个舆论上的借口，使自己在政治上陷入被动。因此，

继续维持献帝这块招牌，对丁宴忧拥汉派，巩固内部，仍有不可忽视的作用。

第三，至少从建安十五年（公元210年）起，曹操一再"自明本志"，声称自己绝对没有代汉自立的意图，一直坚持了十多年，如果突然改变主意，否定自己，对曹操的声誉名节也必然会造成不利影响，不如继续把戏唱下去。

第四，更重要的是，曹操是一个讲求实际的人，只要掌握了实权，虚名并不重要，"施于有政，是亦为政"一语是他内心想法的真实写照。

第五，到建安二十四年（公元219年）时，曹操已经65岁。这种情况下，使得曹操不得不将这一重要因素考虑在内，这也可能是他不愿称帝的原因之一。

总之，曹操不当皇帝，是从策略上全面权衡得失后所作出的决定，是一种周密而明智的谋虑。曹操自比"三分天下有其二"的周文王，是对自己的自我评定。当然这只是后人对其不称帝的分析和猜测，真相是否如此，人们就不得而知了。

明代"天启大爆炸"之谜

晚明天启六年（1626年）五月初六上午，在老北京城西南一带，突然发生了一起神秘的大爆炸，方圆10千米内顿时被夷为平地。这起大爆炸之惨烈与诡秘真是世上罕见，至今人们对此仍众说纷纭。

上天的"警告"

据当时政府官员收集的幸存者见闻记述，爆炸当天原本天空晴朗，突然，雷声滚滚，震撼天地。只见从东北渐至京城西南角，飞起一片遮天盖地的黑云，不久之后又一声巨响，天塌地陷。顿时，天空漆黑一团，伸手不见五指。从东至北长近2千米，周边六七千米的范围内，万余间房屋建筑变成一片瓦砾，2万余居民非死即伤，

断臂者、破头者、折足者无数，尸骸遍地，臭气冲天，满眼狼藉，惨不忍睹，连牛马鸡犬都难逃一死。王恭厂一带，地裂40米，火光腾空……南到河西，东到通州，北到密云、昌平，到处雷声隆隆，毁坏严重。少数侥幸活命的人也悲泣哭号，披头散发，惊恐万状。京城上下，陷入一场史无前例的大灾难中。不久，只见南方天空上有一股气直冲云霄，天上的气团有的像乱丝，有的像灵芝，五颜六色，奇

形怪状，许久才渐渐散去。

出事当天，明熹宗正在乾清宫用早膳，突然，宫殿晃动起来，他不知发生了什么祸事，吓得不顾一切向外逃。内侍们惊得不知所措，只有一个贴身内侍紧跟着皇帝跑。不料，刚到建极殿旁，忽然飞下的鸳瓦，正巧砸在这个内侍的脑袋上，内侍当即脑浆迸裂，倒地而亡。熹宗皇帝无暇顾及，一口气跑到交泰殿，正好殿内墙角有一张大桌子，他连忙钻进去，才喘了口气，躲过了这场灾难。

这起大爆炸的消息，迅速传遍了全国，从王公贵族到黎民百姓都惊骇至极，人心惶惶。

当时，明朝政治腐败，宦官专权，忠奸不分。因此，很多大臣认为这场大灾难是上天对皇帝的警告，所以，纷纷上书，要求熹宗兴利去弊、重振朝纲。皇帝一看群情激愤，自己也非常害怕，吃不好，睡不着，不得不下一道"罪己诏"，表示要"痛加省修"，并告诫大小臣工，"务要竭虑洗心办事，痛加反省"，希望借此能使大明江山长治久安，"万事消解"。他还下旨从国库拨出黄金1万两以救济灾民。

神秘的大爆炸

这场大爆炸，最使人难解的是它的四大诡异之处：

第一，事先征兆特异。据《东林始末》记载，天启六年五月初二深夜，前门楼角出现"鬼火"，发青色光，有好几百团，捉摸不定。不一会儿，合并成车轮大的一团。《天变杂记》记载，后宰门有一座火神庙，初六早晨，忽从庙内传出音乐，一会儿声大，一会儿声小。守门的官员刚要进入查看，忽然有个大火球一样的东西腾空而起，顷刻间，东城发出巨大的爆炸声。这鬼火和火球与大爆炸是否有内在联系呢？

第二，人群失踪，极为诡异。据记载，有一位新任的总兵要去拜客，走到元宏寺大街，突然一声巨响，他和他的 7 个跟班，连人带马全部失踪。还有，西会馆的塾师和学生共 36 人，在一声巨响之后，也全部失踪。据说，承恩街上有一抬八人大轿正在前行，巨响后，大轿被打坏放在街上，而轿中女客和 8 个轿夫却不知去向。

第三，石狮腾空，碎尸飘落。爆炸之时，许多大树被连根拔起，降落于远处。石驸马大街有一尊 500 千克重的大石狮子，数十人推移不动，居然被卷到空中，飘落到 5 千米外的顺成门外，猪马牛羊、鸡鸭鹅狗更是纷纷被卷上天空，随后又从天空落下。

第四，据说，长安街一带，从天上纷纷落下人头、人身，德胜门一带，落下的人的四肢更多。一场碎尸雨，足足下了两个多小时。木头、石头、人头、人臂以及缺胳膊断腿的人，无头无脸的人，还有各种家禽的尸体，从天而降，骇人听闻。

"天启大爆炸"又称"土恭厂大爆炸"。天启大爆炸与印度"死丘"事件、1908 年 6 月 30 日俄罗斯西伯利亚通古斯大爆炸并称为世界三大自然灾难之谜。

那么，"天启大爆炸"的真正原因到底是什么呢？1986 年，在天启灾变 360 年之后，北京地质学会等二十多家学术团体共同发起了一次研讨，用现代科学知识和手段，对这次灾变进行了一次深入细致的探讨，种种说法纷纷登场，有地震说、火药爆炸说、飓风说、陨星说、大气静电酿祸说、地球内部热核高能强爆动力说、陨星反物质与地球物质相逢相灭说等等，但这些都无法解释这场灾难中出现的低温无火、荡尽衣物的罕见现象。这个千古之谜不知何时才能解开。

郑成功猝死之谜

郑成功是中国历史上赫赫有名的民族英雄。他骁勇善战，令殖民者闻风丧胆。然而，在他成功收复台湾后不久，却出人意料的去世了，年仅38岁。

关于郑成功的死，与他同一时代的人如李光地、夏琳等人的笔记都很简单，一般是说郑成功是得了"伤风寒""感冒风寒"而死的，但是一个正值壮年的人怎么会轻易地就被"风寒"这种区区小病夺去性命呢？

根据郑成功临终前的异常情况和当时郑氏集团内部的斗争背景，有人认为郑成功是被人投毒杀死的，目前赞成这一说法的人居多。郑成功死前的情状与中毒后毒性发作的症状极为相似，另外，夏琳《闽海纪闻》中记载郑成功临终前都督洪秉诚拿着药送去给郑成功喝，郑成功将药摔到地上，然后捂着胸口，跺脚大呼而亡。郑成功大概是察觉出了有人要谋害自己，但是为时已晚。郑氏集团内部暗藏着一些危险因素。生性暴烈的郑成功用法严酷，郑氏部下包括他的长辈亲族因过被处以极刑的人很多，众将人心惶惶，其中有很多人在清廷高官厚禄的诱惑下叛逃，郑氏集团的内部关系极为紧张。伍远贤所编的《郑成功传说》一书中记述，清廷收买内奸刺杀郑成功，

因此，如果说台湾岛上一直有人企图谋害郑成功，极有可能是以清廷为背景的。另一个比较大的疑点是马信也神秘的死去。马信是清降将，后来成为郑成功的亲信，郑成功去世当天，由他推荐的一个医师给郑成功开了一帖药，夜里郑成功便死去了，而他本人也在郑成功去世的第二天便死去。因此，马信可能直接参与了谋害郑成功的活动，但后来又被人灭口。

那么，这起谋害的主谋是谁呢？人们把怀疑的目光投到了郑成功兄弟辈的郑泰、郑鸣骏、郑袭等人的身上，特别是郑泰。郑泰长期操纵郑氏集团的东西洋贸易，掌握着财政大权，对郑成功早有异心，对郑成功出兵收复台湾曾极为反对。收复台湾初期，郑氏集团的财政面临困境，郑泰却暗地里在日本存银 30 万两以备他用。等郑成功去世，郑泰等人便迫不及待的伪造郑成功的遗命对郑经诛讨，并抬出有野心但无才干的郑袭来承兄续统。据此分析，谋害郑成功的人很可能就是郑泰等人，他们早就存有夺权之心，还可能与清廷有所勾结。他们乘郑成功感冒的时候开始实施他们的计划。夏琳和江日升的记载中说，郑成功病情开始并不严重，常常登台观望，有时还饮酒，甚至拒绝服药。他们极可能在酒中下毒，但这期间郑成功饮酒较少，所以毒性七八天后才发作。最后他们又在郑成功的医生开的药剂中下毒，郑成功才被毒死。郑成功死后，郑经先是忙于对付郑泰的叛乱，后发现郑泰在日本银行的巨款，又集中注意力追回这笔巨款，因此郑成功的死因当时并没有被深究。海天茫茫，郑成功的死因也许是个永远解不开的谜了。

李自成兵败后的生死之谜

李闯王，本名李自成，陕西米脂人。他自幼家境贫寒，但有勇有谋，仁勇兼备。他当过驿卒，做过边兵，最后参加了反明的农民起义军，南征北战，军队不断壮大，所向披靡，终于推翻了政治腐败、经济崩溃、摇摇欲坠的明王朝，建立了大顺政权。但因镇守山海关的明将吴三桂引清军入关，李自成领兵退出北京，转战河南、陕西、湖北等地，最后不知所终。

一代起义领袖，竟有如此下场，今后人议论不断，猜测不绝。

正史结论

《明史》的结论是，自成已死，尸朽莫辨。

它的根据是，当时追杀李自成的清朝靖远大将军阿济格在给朝廷的奏章中说，李自成山穷水尽，仅带亲信20人，窜入九宫山中，被当地武装围困，无法脱逃，自缢而死。阿济格派人前去验尸，但尸体已经腐烂，无法辨认了。

另一个根据是，南明王朝兵部尚书何腾蛟在给唐王的奏章中称，他的部众已将李自成斩于九宫山下，只是丢了首级。

但是，这个"遇难"说法却难以令人相信，因为李自成雄才大略，骁勇异常，一直是官府的死敌，是清王朝和南明王朝统治者心中的大患，他的生死绝对是当时的重大事件。而阿济格奏章中说是"尸朽莫辨"，纯属浮夸不实，清王朝怎能相信？何腾蛟的报告根本就是马后炮，虚报战功，南明王朝也不会相信的。结论只能是，这只是传闻，并无其实。

特别值得一提的是，李自成退居湖湘时，他的手下仍有四十余万兵马，驻九宫山一带至少也有数万人，说他仅带 20 名亲信，与事实不符。况且，如果李自成真的被杀，他的几十万大军岂能烟消云散？九宫山能平静吗？事实上，当时九宫山的确很平静，那几十万大军也很平静。因而，从反面证明，李自成未死。

那么，为什么会有"遇难"说，而且在民间广泛流传呢？据推测，这很有可能是李自成与其部下搞的烟幕弹，是金蝉脱壳之计。一方面，扬言李自成已死，可以打消南明王朝对这支大军的敌意，下一步可联合抗清；另一方面，使清王朝以为心腹之患已除，放松警惕，一旦时机成熟，李自成便可东山再起。

禅隐夹山寺的说法

另一种说法是李自成禅隐夹山寺。但有人对这一说法持不同意见。

有人说，奉天玉和尚墓的发现，只能证明石门夹山寺确实有奉天玉和尚这个人，但并不足以说明奉天玉和尚就是李自成。

又有人说，李自成生前左眼曾受箭伤失明，但奉天玉和尚的画像却双目炯炯有神，以此证明，奉天玉和尚并不是李自成。

还有人查明，石门夹山寺由一座废旧的古庙装修成具有相当规模的香火不绝的寺院，是奉天玉和尚沿门托钵化缘积攒的资金所建，而且得到了当地士绅的支持。试想，在大势已去，官府穷追不舍之时，李自成怎敢明目张胆，带着眼疾，不顾一切的到处抛头露面为寺化缘呢？

因此，李自成隐居于夹山寺一说，也难成定论。

徐志摩身后一个尚未解开的谜

1925 年 3 月，徐志摩把一个小提箱交由著名女作家凌叔华保管，同时还半开玩笑地说："若是我有意外，叔华，你得给我写一部传记，这里面有你需要的资料。"徐志摩遇难后，这个箱子

就一直放在凌叔华处。至于箱子里的秘密，凌叔华在当年写给胡适的信里这样说道："箱内有东西不宜小曼看到的。"具体地说，除部分文稿外，主要是徐志摩的两本英文日记，还有陆小曼的两本日记。陆的日记骂林徽因的较多，因此不宜交林保管。而徐的日记写的又是当年与林徽因的恋情，所以不便给新婚夫人陆小曼看。

林徽因巧提箱

与这个小箱子有关的秘密被宣扬出去后，很多人都想了解徐志摩的日记内容。当然，有两个人最想得到这个小箱子：一个是徐志摩的妻子陆小曼，她想编辑徐志摩日记集；另一个是徐志摩当年的恋人林徽因，她不想公开

徐的日记，因为这样会影响到她的名声。由此可见，林徽因似乎更想得到这个箱子。

林徽因非常聪明，她明白如果自己出面要，凌叔华一定不会给她。于是她请来胡适当中间人，向凌叔华索取这两册日记。

胡适以要为徐志摩整理日记以便出书纪念为由，向凌叔华索要箱子。凌叔华考虑到箱内有陆小曼两本私人日记，因此在把箱子给胡适时，要求他转送给陆小曼。但胡适从凌叔华手中拿到箱子后，并没有交给陆小曼，而是送给了林徽因。林徽因打开箱子一看，徐志摩的日记只有半册，另外的一册半被凌叔华私藏了起来。林徽因便把此事告诉胡适，胡适又写了一封信给凌叔华："昨始知你送给小曼的志摩日记只有半册，我想你一定是把那一册半留下作传记或小说的材料了。但我细想，这个办法不很好。第一，材料分散，不便研究；第二，一人所藏成为私有的秘密，则余人所藏也有成为私有秘密的危险；第三，朋友之中会因此发生意见，实为最大的不幸，

绝非死友所乐意。"接着，胡适又说："请你把两册日记交给我，我把这几册英文日记制定成 3 个副本，将来我可以把一份全的留给你做传记的材料。如此则一切遗留材料都有副本，不怕失散，不怕藏秘，做传记的人就容易了……请你给我一个回信。倘能把日记交来人带回，那就更好了。"在胡适软硬兼施的计谋下，凌叔华把这个小箱子的全部东西，甚至连陆小曼的日记都交给了胡适，胡适如数转给林徽因，至于他答应给凌叔华的副本，却只是一句空话，凌叔华发现自己上当后，写信给胡适，认为把陆小曼的日记也交给林徽因甚为不妥，但一切已成事实，凌叔华也无能为力。

　　林徽因、陆小曼、凌叔华已先后去世，小箱子和徐志摩的英文日记散于何处，至今仍是一个无法解开的谜。

地理之谜

DILI ZHI MI

西湖前身是海湾吗

　　"**欲**把西湖比西子，淡妆浓抹总相宜。"媲美于古代美女西施的西湖，究竟是怎么形成的，学术界至今仍众说纷纭。了解西湖的形成原因，对西湖的现在和未来的发展都有重要价值。

　　一种说法认为是由于筑塘形成的。西湖原来与海相通，这是古今比较一致的看法。据南朝宋文帝时钱塘县令刘道真在《钱塘记》中所记，东汉时钱塘郡议曹华信为了防止海水侵入，招募城中人民兴筑了"防海大唐"，建成以后，连钱塘县衙门也迁来了，这就是今日杭州市的前身。西湖从此与海隔绝，成为湖泊，此说历代学者都有认可，因此流传至今。

　　19 世纪初，日本地质学者提出了另一种说法：西湖是因火山爆发，岩浆阻塞海湾而成为湖泊的。

我国著名科学家竺可桢先生经过洋细的实地调查研究，认为西湖原是一个潟湖，推翻了日本地质学者的说法。竺可桢认为，西湖本是海湾，后来由于湖潮挟带的泥沙在海湾南北两个岬角外（即今吴山和宝石山）逐渐沉淀堆积，最后相互连接使海湾与大海隔绝而成为湖泊。

魏嵩山先生依据《史记·秦始皇本纪》的记载——"公元前210年，秦始皇东巡会稽，至钱塘临浙江，水波恶，西百二十里从狭中渡"，指出当时（杭州附近）的钱塘江水面仍相当辽阔。而《汉书·地理志》"武林山，武林水所出，东入海"的记载，则清楚地表明在西汉时期西湖仍为海湾，杭州市区还未成陆。魏氏认为刘道真《钱塘记》所载"华信筑大塘"之事确实，因此认定西湖与海隔绝成为内湖，时间应当是在东汉。

林华东先生对众多研究者主张的"西湖是因为东汉华信筑塘成功后才形成"的说法提出异议，认为如果确有华信筑"防海大塘"，其功能也该是防御海潮冲击陆地，就像1983年7月在杭州江城路立交桥所发掘的五代钱氏捍海塘的功能一样，说明东汉华信筑防海大塘时，内侧地带已经成陆，但是由于常受潮患，因此在海潮冲击要害处"立塘"，保护陆地不被海水吞没。这并不能说明华信是在吴山

西湖古称"钱塘湖"，古代诗人苏轼就对它评价道："欲把西湖比西子，淡妆浓抹总相宜。"又名"西子湖"。

与宝石山之间筑起一条如同建造水库时的拦蓄水人坝后促成西湖形成的。林先生主张最迟在东汉之前，西湖就已形成。

西湖形成于何时

　　吴维棠先生从西湖东岸望湖宾馆地下 4 米深的钻孔采样中发现，该处地下存在黑色富有机质和植物残体的黏土层，用碳 14 检测距今 2600 年左右。白堤锦带桥两侧五六米深处的钻孔中，有碳化程度较高的泥碳层，厚 10 ~ 50 厘米，用其上部的标本做年代测定发现，距今有 1805 年左右。泥碳层之下的青灰色粉砂质黏土中，富含有机质和碳化的植物干枝，分析结果发现有黑三棱、眼子菜等陆上浅水生的植物，这说明当时西湖已是沼泽。由此推测，西湖在春秋时代已经沼泽化。在疏通西湖的时候，人们曾发现一些石器和战国至汉代的铁斧，估计是古人从事渔猎生产时失落的。因此，吴先生推断：在西汉前，杭州不是海湾，而且海湾成陆后遗留下的残迹湖（西湖）也已沼泽化。这就无怪乎《史记》《汉书》《越绝书》等古籍中，只记载钱塘县和别的湖泊，而没有关于古西湖的记载。

　　至今，人们还不能清楚地知道西湖的成因，相信随着研究的深入，终会得出明确的结论。

隐形碑石之谜

**传**言称，达摩面壁石是我国佛教禅宗祖师、南天竺国僧人达摩用来面壁修行的巨石。公元520年中国的南北朝时期，正是虔信佛教的梁武帝到处修库祭佛的时期，达摩在这时来到中国并在嵩山山洞度过39个春秋的面壁岁月。终于，他的虔诚感动了上天，达摩的灵魂进入了石内，石上留存了他整个人体的影像。僧徒们把石里的形象凿下采椰入少林寺，作为传世珍宝供奉起来，日夜参拜。

达摩面壁石

对这块具有人影形象的面壁石，据载有不少人还亲眼见过，相关的史料记述也很多。据《登封县志》载："石长三尺有余，白质黑纹，如淡墨画。隐隐一僧背坐石上。"明时的徐霞客、袁宏道都记述过少林寺的这块面壁石。

"少林一块石，都道是个人，分明是个人，分明是个石。石何石？面壁面。人何人，面壁佛。王孙面壁九年轻，九年面壁祖佛成。祖佛成，空全身，全身精入石，灵石肖全形，少林万古统宗门。"这是面壁石后面的石碑上清人萧元吉撰写的碑文——《面壁石赞》。

科学的解释

其实在地质工作者看来，达摩面壁石这样的石头并不稀奇，因为王乳峰达摩洞的岩石属于寒武纪的石灰岩，石灰岩呈白色，如果上面布满各式花纹，则很容易找到一块里面有类似人形图案的大石。

达摩洞里的石灰岩正是这样。石头上面布满形状各异的花纹，以墨色花纹居多，如果一千多年前，少林寺僧人在五乳峰上采下来一块上面有酷似人形的墨色花形纹石并告诉世人说这是禅宗祖师达摩的身影，让信徒们顶礼膜拜也并非没有可能。

猜测不等于事实，达摩面壁石究竟是怎么回事，石面上清晰可辨的僧人影像又是怎样形成的？对此现象还没有明确的答案。

其他的情形

像达摩面壁石这样的石头并不鲜见，还有两块隐形碑情形也颇为奇特。这两块石头位于四川省仁寿县黑龙潭唐宋文化遗址上，他们看上去像一只无头的龙，刻在矿岩石壁处，四面临水。石壁上刻有唐、宋、明代以来的大、小碑文以及唐代的龙王坐像，气派威严。而龙王坐像石龛左右两侧的嵌壁碑则是另一番情景。碑石面光滑，无任何笔迹，石面呈灰白色。如果往上面泼水，左侧碑石上会有一枝茎叶繁茂的墨竹图；右侧碑石顿现漂亮的黑墨行楷大家笔法。水迹蒸发掉后，字画又消失不见。

皇太极陵中的一个碑楼中有一块"大清神功圣德碑"，重约 5 万千克，高 16 米多，立于 1688 年，碑正面有用满汉两种文字刻写的清太宗皇太极的功绩。奇怪的事情就发生在这块碑石上，每到阴天，碑的背面就会有人形隐现，如果平时有水洒在碑上，也会有人的轮廓出现。史料中记载说，人形是观音或诸葛亮。在现场观看过的人，有的说人形是男性，有的说是女性。众说纷纭，百口不一。

在贵州省关岭县境内有一座被人们称为"红崖"的石质红色山崖。崖上有一组青色的古代文字，字体不像篆，也非隶书，笔力苍劲。对这些笔迹字体，人们说法不一，有人说它是诸葛武侯的刻碑或是济公记功碑，也有人说它是殷高宗的记功碑，那么红崖上的文字究竟是什么时候的碑文，记的又是什么呢？

种种猜测

隐形碑石的原理到底是什么？一种看法认为是阴天下雨的时候空气湿度大，会在石块上形成水珠，由于石面密度不一，石质不同，对水珠的吸附程度也各不相同，于是就形成了各种深浅不一的条纹，也许就有一个形状酷似人形。也有人猜疑这是一种密写方式。时至今日其中的缘由仍不为人们所了解，也成为一个难以解开的谜。

当然，石头的地质特点也是至关重要的因素。人们还在不断地发现着隐形碑石，相信在大量的实例研究下，隐形碑石的谜底一定能够被揭开。

黑竹沟之谜

黑竹沟森林幽深，奇花异草遍布，既令人神往又令人惶恐。在黑竹沟深处似乎隐藏着巨大的秘密。传说在沟前有一个叫关门石的峡口，就算是一声人语或犬吠，都会惊动山神鬼怪吐出阵阵毒雾，把闯进峡谷的人畜卷走。这个传说给黑竹沟蒙上了一层神秘的面纱。

失踪案件

1950 年初，国民党胡宗南部队的半个连，仗着武器精良，准备穿越黑竹沟逃窜。可谁知进入沟后，一个人也没出来。

1977 年 7 月，中国四川省林业厅森林勘探设计一大队来到黑竹沟勘测，宿营于关门石附近。两名身强力壮的技术员主动承担了闯关门石的任务。第二天，他俩背起测绘包，每人仅带了两个馒头便朝关门石内走去。可是到了深夜，依然不见两人回来。第二天开始，寻找失踪者的队伍逐渐扩大，川南林业局与邻近县组织的百余人的搜寻队也赶来了。他们踏遍青山，寻遍山谷均未发现两名技术员的踪影。

不明浓雾

9 年后，川南林业局和邻近县再次组成二类森林资源调查队进入黑竹沟调查。

因为有前车之鉴，调查队作了充分的准备。由于森林面积大，调查队入沟后仍然只能分组定点作业。副队长带领的小组一行7人，一直推进到关门石前约2千米处。这次，他们请来了两名当地猎手当向导。副队长最后与两位猎手达成了一个折中的协议：将二人带来的两只猎犬放进沟里去试探。第一只猎犬灵活得像猴子一样，一纵身就消失在峡谷深处。可半小时过去了，仍不见归来。第二只猎犬前往寻找伙伴，结果也像前一只一样有去无回。两位向导急忙大声呼唤他们的爱犬。顿时，遮天蔽日的大雾不知从何处涌出，9个人尽管近在咫尺，彼此却无法看见。惊慌和恐惧使他们冷汗淋漓，大气不敢出。一会儿，浓雾又奇迹般消退了，眼前依然古木参天，箭竹婆娑。队员们如同做了场噩梦。黑竹沟从此再也无人敢入……

黑竹沟森林密布，灌木丛生，寂静的森林给人一种莫名的压抑。

奇妙的神农架

神农架是一个神奇的地方，关于它的传说非常多。在人们眼中，神农架成了神秘的代名词。

深潭水怪

1986 年，当地农民在神农架深水潭中发现了 3 只巨型水怪。它们的表皮呈灰白色，长相与蟾蜍相近，体积却是蟾蜍的几十倍。这种怪兽有 2 只圆眼睛，嘴巴极大，发达的前肢上有 5 个又粗又长的脚趾，趾与趾之间有蹼相连，在趾尖还隐藏着锋利的爪。它们的上半身露出水面，下半身浸在水中，所以，人们至今也不知道它的下半身是什么样的。据预测，这种水怪可能是一种两栖类动物。

神农架演变史

这种水怪到底是什么东西，就连动物学家都不敢断言。有的专家指出，7 亿年前，神农架地层开始从海洋中崛起，几经沉浮，最后形成今天的样子。所以，我们有理由相信古生物的后代有条件在这里存活。如果真是这样的话，那么，它是哪一种古生物的后裔呢？

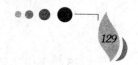
张壁古堡何人建造

山西省的介休市在地图上是个极不起眼的城市，从介休市向南行十多千米，有一个三面临沟、一面靠山的村庄叫张壁村。就是这个在地图上找不到的小村庄，隐藏着无数让人惊叹的历史宝藏。

神奇的古堡

从 1994 年开始，张壁村村民平静的农耕生活被打破了。在这个小山村中发现了一处集文化、宗教、军事于一体的古建筑群，同时还发现了一个结构精巧、令现代军事专家都惊叹不已的古地道。这些建筑和地道，留给了文物学家一个又一个悬而难解的千古之谜。

在历朝历代的《介休县志》中，除张壁堡外，其他 9 寨 40 堡都可以在史书县志中找到。后人不得不思考，张壁堡的隐而未现到底是编

者的失误还是人们有意地避而不谈？如果是前者，以常规来推断似乎不太可能；倘若是后者，那么其中的缘由似乎就有待探究了。

城堡的设计者可以称得上是举世无双的建筑奇才。城堡周长1300米，从南至北为300米，从东至西为400米。弹丸之地里竟有9座庙宇，9口深水井，集军营、校场、仓储、民居、地道于一村，整齐的建筑格局，有序的民居，恰如其分的庙宇直到现在依然保存完好，让人感到非常惊奇。

那么，这个神秘的古堡是出自何人之手呢？

◤ 历史渊源

据《资治通鉴》记载：公元617年，隋朝将领刘武周率部杀死太守，又派人暗中与突厥联系，组成起义军反隋。由于攻无不克，战功显赫，因此被突厥立为"定杨可汗"，于是他就自己当了皇帝。隋灭之后，刘武周又率众准备反唐，并将妹夫宋金刚立为宋王。宋金刚率兵南下，公元619年，介休被攻克，宋金刚的偏将尉迟恭驻守介休。第二年，李世民攻克介休。宋金刚带领随从败逃突厥。

尉迟恭驻守介休将近一年，可以说有时间也有必要建一个"易守难攻、退避有路"的城堡，但尉迟恭后来被说降，地道也就废弃了。古堡在尉迟恭离开后就变成了单纯的居民村落。

但是，在史书和县志上找不到曾经修筑张壁堡的只言片语，而且远古遗留下的碑碣上也无从考究，这样的事确实让人心生疑惑。所以，认为建堡者是尉迟恭也只是后人的一种猜测。

张壁占堡的地道全少有3500米长，分为上、中、下三层，上层距地面仅数米，下层距地面也只有十多米。每层每条都由通道沟通，有贯眼可通话、观望。而每层地道隔一段距离就有大小不等的拓宽区、旁洞，小则2~3米的空间，大则可放两个班的兵力。下层地道有储存粮草的仓库，有马厩可以用来喂马。还有一个很有意思的地方是地道与地面间最薄的地方位于堡门洞下和交通枢纽所在地，地上面的人做的大部分事情在地下都能被听到。

张壁古地道最早建在什么时候？至今人们也是众说纷纭。在没有大炮枪弹的古代，要攻破这样坚实复杂的地下工事，其可能性几乎为零，它绝对是世界战争史上绝无仅有的创举。

古堡南门外关帝庙的东侧有三孔砖砌的窑洞，中间一孔里有一个两边都紧挨着墙，上面几乎到屋顶的木雕神龛，龛前还设有供桌供椅。20世纪70年代时人们决定把"千手观音殿"当成仓库，但当神龛被搬掉后人们发现墙的后面似乎有些不对劲。于是继续往下拆，结果发现里面有一个供

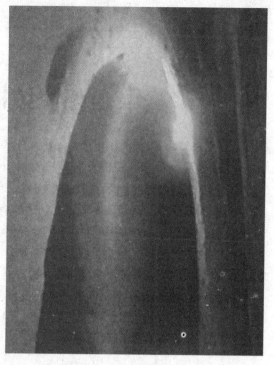

奉着塑像的呈墙柜式的神龛，龛里供奉着一尊塑像，塑像神态像道人，但又身着官服，所以大家都不知道这个塑像到底是什么身份。

过了十年，有一天，一位来此观瞻的人看到塑像外表的泥剥落，当他用手触摸时，才发现内部是一尊实心的铁铸像。

20年纪90年代初，考古学界几位知名的专家和教授也研究并分析了这一塑像。他们认为，在古代，铸像是分解铸成然后焊接到一起的，所以塑像应该是中空的，像这样整体实心的铁像以前闻所未闻。

那么，人们不禁会问，这尊铁像到底是谁？是谁塑造了它，为什么要用泥塑掩饰？为什么要密封于黑暗中？为什么选择千手观音作为它的掩蔽物？这些都是难以解开的谜。

香格里拉探秘

据推测，香格里拉位于喜马拉雅群山之中。但迄今为止，人们仍无法确认这座山系共有多少山峰，目前所知道的 8000 米以上的山峰有 14 座，7000 米以上的山峰有好几百座。在喜马拉雅山的山脚下，散居的人们住在小而宁静的石屋里，过着与世隔绝的生活，虔诚地守护着自己的文明。在这偏僻的、远离喧嚣的地方，他们常常在没有任何运输工具的情况下，背负五十多千克重的物品步行几十千米。平时要忍受物资缺乏和疾病侵袭，甚至地震、洪水和山崩等自然灾害。但是有喜马拉雅山的绮丽风光，是没有人会感到厌倦的。

随着登山运动的逐渐盛行，喜马拉雅山区已逐渐为大众所知。但是，这里居民隐士般的生活仍然丝毫未变。数十户石造小屋形成一个村落，每家户外都种满了高茎圣诞红；老人在门边劈竹编篮，孩童裸身在小河里玩耍，而健硕的成年人就扛着锄头到梯田里去干活儿。农闲时大伙儿便坐在小庙前的广场上闲话家常。有人说香格里拉在中国的西藏，而前往香格里拉圣地的入口，就在布达拉宫的

神殿之下。这种传说有一定道理，因为布达拉宫本身就是藏传佛教的圣地，其选址和设计必然独具匠心，而且布达拉宫结构复杂，地道、暗门众多，如同迷宫一般。但迄今为止，人们仍没有找到通往香格里拉的真正入口，也没有找到有关入口的确实可靠的记载。

关于入口的消息

　　20 世纪 90 年代，一个石破天惊的消息轰动了海内外：詹姆斯·希尔顿笔下所描绘的香格里拉原型就在中国云南迪庆。这里处于终年积雪的雪山、江水奔腾的峡谷和大片的原始森林之中，天空碧蓝、泉水清澈。梅里雪山有葱郁茂密的森林，落差达 4800 米，森林海拔 4300 米。森林中蕴藏的物种繁多。森林之上是高山草甸和冰清石滩，再往上是冰川。站在梅里雪山的明永冰山上，四周景物一览无遗。冬季冰川白茫茫一片，冰舌下延到森林中，最终端海拔 2600 米。白色的冰舌在碧绿的林海中徜徉，宛如龙腾大海，而雪崩惊天动地的怒吼，更增添了冰川矫若游龙的气势。山脚下终日奔腾不息的江水呼啸奔涌，惊涛拍岸。每年到梅里雪山朝拜的香客络绎不绝，他们大多来自青藏高原的昌都、玉树及康巴地区。此处特殊的景观和气势是吸引崇拜自然力的藏族群众朝圣的主要原因之一，而吸引藏族群众远来朝拜的神山在他们心中的地位是永远不可动摇的。

珠穆朗玛峰长高之谜

堪称世界第一高峰的珠穆朗玛峰也有压力吗？为什么它会不断升高呢？"增高"对它来说一定是好事吗？

不断长高的珠穆朗玛峰

2005 年的测量数据显示，珠穆朗玛峰的高度为 8844.43 米，同时，它仍以每年 3.7 厘米的速度增高。它在第四纪的 300 万年间上升了约 3000 米，平均 1 万年上升 10 米；而最近 1 万年，它却上升了370 米，即一年上升 3.7 厘米。虽不易察觉，但目前它仍以缓慢的速度上升着。那么，珠穆朗玛峰将会无限制地不断升高吗？如果是这样的话，它有没有最高限度呢？如果不是，它又怎样停止这种"增高活动"呢？这些都是科学家们一直在探讨的问题。

有的科学家认为，珠穆朗玛峰的增高是脆弱的，随着层层加码，下面的岩石承受的压力逐渐变大，这就必然存在一个极限，一旦达到这一极限，底下的岩石将会"粉身碎骨"，而整座山也将土崩瓦解，最终毁于一旦。那么，这一极限的终点在哪里呢？从微观角度来看，岩石是由岩石分子构成

的，无数的岩石分子以一定的结构相互排列，它们之所以能够彼此合作，构成坚硬的岩石，是因为它们之间存在着电磁力，就像人们在叠罗汉时用自身的体力来支撑上面的重量一样。这里，电磁力和体力起着相同的作用，如果底下人的体力不足以支撑上面的重量，那底下的人就会站立不稳，最终支持不住。同样的道理，当山的山峰重量大于岩石分子之间的电磁力时，也就造成了叠不成罗汉的"悲剧"——山越高，它自身的重量就越大，破坏岩石分子之间电磁力的能量也就越强。底下的岩石将遭到破坏，高山就会摇摇欲坠，岌岌可危，最终造成山崩地裂。

远眺绵延千里的喜马拉雅山脉中的圣母峰。

风动石之谜

据 地理学家考证：风动石属花岗石质，经海水长期侵蚀，被切割或分解，其棱角经风化而剥落，天长日久，形成球状，地质学上称为"球形风化"。

天下第一奇石

古称铜山的东山岛位于中国福建省东南部，岛上不仅有美丽的热带海滨风光，还有一块被誉为"天下第一奇石"的风动石，是风景区的著名景点。

这块奇特的风动石屹立在海滨附近，石高4.73米、宽4.55米、长4.69米，重达二百多吨。这块巨石落脚点仅为几平方厘米。当海上吹来强劲的气流时，风动石便微微晃动，让人觉得岌岌可危，可风停后，风动石便又稳如泰山地站在那里。风动石不仅在风的吹拂下会摇晃，而且人力也能使其晃动。如果把瓦片放在风动石下面，只要位置适当，一个人足以使这硕大的奇石轻轻晃动起来，不一会儿瓦片咯咯作响，顷刻间化为粉末，奇石晃动的轨迹清晰可见。更令人称奇的是，1918年2月13日，东山岛发生7.5级地震，山石滚落，屋倒人亡，风动石却安然无恙。"七七事变"后，日军企图搬走风动石。日舰"太和丸"上的士兵用钢丝绳系于风动石上，开足马力，多条钢丝绳竟被拉断了，可风动石仍纹丝不动，最后日军只得放弃这一企图。风动石历经沧桑，依然斜立如故。

东山岛风动石奇甲天下，上尖底圆，状似仙桃。这块奇石的形成原因至今仍是个难解的谜。

"仙字潭"之谜

在闽南华安县汰内乡苦田村附近有一眼深潭，名曰"仙字潭"。传说其中包含着中国东南地区古代的历法和社会情况，谁破译了这些密码，谁就能揭开这片土地的秘密。

在潭北岸蚶盘山的峭壁上，留有不少古代文字石刻，因无人识得，传为仙人所留。这些文字刻在蚶盘山东西长约 20 米的天然峭壁上，高约 30 米，下部距水面约 2 米，所刻文字多者一二十，少者仅一二字。这些字排列无序，笔画不整，深浅不一，字作人形、兽形，还有些形似楷书。

仙字潭的文字

自 20 世纪初以来，仙字潭引起中外学者的广泛注意。但学者们仁者见仁，智者见智，并未形成统一的看法，人们争论的焦点集中在仙字潭文字的释读、石刻的年代，以及文字的族属等问题上。

在诸多问题中争论得最激烈的当属族属问题。迄今为止，共有 4 种观点，即蓝雷族说、古吴或先吴说、七闽族说，以及古越族说。其中古越族说，无沦从地域及历史背景，还是从石刻文字的形态结构、内容进行分析所得结论来

古人在创造辉煌文明的同时，也留下了一个个未解之谜让后人去探索，去追寻。

说，都显得较为成熟。

而对石刻文字释读的结果学者们有两种截然不同的观点：一种观点认为这些文字记载了当时的吴部落征伐越族某一部落胜利后的情景；另一观点则认为石刻所反映的是处于奴隶社会时期的古越人庆贺收成、祭祀祖先的场面。

对仙字潭石刻的形成年代也是众说纷纭。最晚的把年代定在隋唐；有的认为其最早不过商末，下限在春秋晚期；也有的认为可能在商周之间，距今约两三千年。关于石刻年代论述得比较具体的是福建岩刻字流行的时代，应当是在楚火越时，大约是在战国晚期。至于这种"古越文"产生的时代，可能是在战国初期，甚至上推到春秋时期，应比隋唐早，但不晚于西汉初期，即不晚于汉武帝强令东越、闽越北造江淮之时（公元前110年前后）。

仙字潭的一切都是那么令人遐想，相信随着对其认识的提高，人们最终可以揭开它身上那层神秘的面纱。

南海幽灵岛

1933年4月，法国考察船"拉纳桑"号来至南海进行水文观测。该船在海上不停地来回航行，进行水下测量作业。突然，船员们看到在上次驶过的航道上竟矗立起一座无名小岛，岛上树木葱笼，一片热带景象。可在半个月后，当他们再来这里测量时，却又不见了这座小岛的踪影。因此，船员们将该岛称为"幽灵岛"。

"联盟"号的发现

1936年5月的一个夜晚，一艘名叫"联盟"号的法国帆船航行在南海海域。这艘新的三桅船正准备驶往菲律宾装运椰子。"正前方，有一个岛！"一名水手突然一声呼叫，顿时惊动了船上的所有船员。

船长苏纳斯马上来到驾驶台，用望远镜进行观察。他清清楚楚地看到了一个小岛！他十分纳闷，航船的航向是正确的，这里离海

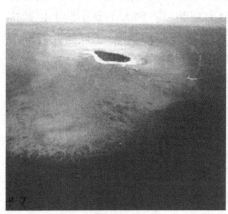

岸还有250海里，从前经过这里时从未见过这个小岛，难道它是从海底突然冒出来的？可是岛上现出密密的树影，又不像是刚冒出海面的火山岛。

船长命令舵手右转90°，吩咐水手立即收帆。就这样，"联盟"号才缓缓绕过了这座神秘的小岛。这时，船员

们都伏在右舷的栏杆上，注视着前方。朦胧的夜色映衬着小岛上摇曳的树影，眼前出现的事，恍如梦境一般。

然后，船上航海部门的人员赶紧查阅航海图，进行计算，确定了船的航向准确无误，罗盘、测速仪也工作正常。可再查看海图，那上面根本就没有显示这片海域有小岛，而且，每年都有几百、上千条船经过这里，它们之中谁也没有发现过这个岛屿。

然而，几分钟后，前面的岛屿忽然不见了，可过了一会儿，它却又在船的另一侧出现了！船长和他的同事们紧张地观察着出现在他们面前的如同黑色幕布般的阴影。突然一声巨响，全船剧烈地摇晃起来。紧接着，船体发出了嘎吱嘎吱的声响，桅桁和缆绳相扭结着，发出阵阵的断裂声。一棵树"哗啦"一声倒在了船首，另一棵树倒在了前桅旁边，树叶飒飒作响，甲板上到处是泥土和断裂的树枝、树皮。树脂的气味与海风的气味混杂在一起，使人感到似乎大海上冒出了一片树林。船长本能地命令右转舵，但船还是一动不动。船员们一个个惊得目瞪口呆，显然，船已搁浅了。

难解之谜

天终于亮了，船员们终于看清大海上确实有两座神秘的小岛，"联盟"号在其中的一个小岛上搁浅了，而另一个小岛约有150米长，它是一块大礁石。

好在船的损伤并不严重。船长吩咐放两条舢板下水，从尾部拉船脱离浅滩。船员们在舢板上努力划桨，一些人下到小岛上使劲推船，在奋战了两个多小时后，"联盟"号终于脱险。"联盟"号缓缓地驶离，两个小岛最终渐渐地消失在人们视野之中……

远古巨石

解放前，日本学者鸟居龙藏曾对分布在我国东北的巨石进行过研究，他曾说道："此等遗迹，殆分布于全世界中。而中国迄今尚无调查报告，实为奇异。中国考古学界，对于史前陶器之研究颇盛，而对巨石文化研究，则尚未闻知，实属遗憾。"

石棚之谜

辽宁省盖县石棚山遗址的石棚，盖石长 8 米多，宽近 6 米，厚 0.4 ~ 0.5 米，重达几十吨，单凭人力把这硕大的石板支架到 2 米左右高的石柱上面去，实在令人称奇。而且，大石棚的墨石与盖石多经仔细加工磨制，壁石套合也很整齐，有的刻有沟槽，和铺底石结合在一起。这样宏大的古代建筑，即使在科技发达的现代也不容易修建，更何况科学技术落后的原始社会呢？

石棚究竟是做什么用的？它的性质如何？它究竟产生于什么时代？在什么时代被废弃？为什么石棚常三个或四个在一起……这一系列问题，引发了一些考古学者长达半个世纪的沉思和争论。

石棚的用途

法国《人类学辞典》在 19 世纪末对石棚的解释是：在 3 块或 4 块巨石之上，支架一块扁平的巨大天井石，故亦称"石桌"。德国称之为"巨人之墓"；葡萄牙叫做"摩尔人之家"，在法国则有"仙人之家"和"商人之桌"两种俗名。在我国辽东半岛，有石棚的农村多流传着"姑嫂修石升天"的故事，故习称"姑嫂石"。而朝鲜半岛则流传着天上的巨神把石桌移到人间的神话。

目前，有的专家认为这是一种巨石坟墓，意义如同埃及的金字塔；有的学者认为它是一种宗教祭祀建筑物；有的人认为它是古代氏族举行各种活动的公共场所……

过去大量考古学者把广泛分布于世界的石棚、立石桩、环石、列石、石碣和积石墓等古代巨石建筑，统称为"巨石文化"。今天看来，上述建筑所在地地域广袤、种类不一、延续时间又很长，从新石器时代开始一直到青铜时代，甚至更晚，因而再将世界各地、各个不同时期的巨石建筑统称之为"巨石文化"似乎有些不妥。

石棚的研究现状

半个世纪过去了，我国的考古事业正处于"黄金时期"，但是认真研究"巨石文化"的考古工作者仍寥寥无几，一方面是因为古代遗留巨石建筑数量较少、分布不广；另一方面则是因为这种巨石建筑缺乏文献典籍资料可依，也没有民族学等材料可循，仅是在民间留下了许多传说而已。

岩画之谜

1994年10月的一天，云南漾濞县文化馆的一位文化干部到距县城不到10千米的河西乡金牛村处理事情，听村上的医生说起山上有一块巨石，因像个带帽的人头，故名叫"草帽人"。在"草帽"下面有许多影子般的小人、小兽时隐时现。有人说是过去仙人留下的图画，有的又说是神鬼的符咒……这位工作人员立即被吸引住了。凭着多年文化工作的经验，他隐隐约约地意识到，这将会是一个重大发现。他心情很激动，急切地请医生带他上山看看。于是，漾濞岩画就这样被发现了。

岩画悬案

就整个画面初步统计，现在可识别的人像共计107个，动物20只。人像中，高度最大为48厘米，最小为4.5厘米。从内容来看，这些图画的产生年代应十分久远。到底产生于什么时代？出自什么样的人或人群之手？它到底反映了什么样的生活图景和文化观念？这些问题尚待进一步地探索和发现。

岩画真貌

漾濞江从金牛村的旁边流淌而过，江面海拔为1530米，金牛村的海拔是1570米，从金牛村出去，可到达岩画地点的海拔是2020米。作为岩画载体的那

块叫做"草帽人"的大石头的"帽檐"正好为下面的画面挡住了许多风霜雨雪。这无疑是岩画得以保存至今的重要原因。

从岩画的一侧测量，这块石头距地面最高处有 9.05 米，全长 23 米。画面估计是由赤矿物和动物血做颜料绘制而成的，大多呈赭褐色，少量偏黄。

令人可惜的是，岩画左上角已经剥落，中间被雨水冲刷去了一小部分。现在能见到的画面情形是：右下方是一头硕大的野牛的侧面像，高两米多，似奔跑状，牛头和牛前腿画得生动有力，但牛身的后半部却剥落难辨了。画面的左下部有一头被围栏圈住的野兽，其形态似熊，熊下面有一栏杆似的建筑，也有一个被围住的动物……岩画留下的谜团还有待于我们去进一步地发现和研究，以期早日揭开岩画背后的寓意。

远古鞋印

1997 年 3 月 20 日，在新疆红山发现了一块奇特的化石，化石表面有个很像人类鞋印的印迹，印迹跟部有一条古鳕鱼印迹。化石生成于古生代二叠纪内陆湖盆的灰岩、页岩和油页岩地层中，距今约 2.7 亿年历史。鞋印的印迹全长 26 厘米，前部最宽处 10 厘米，跟部宽 5 厘米，前宽后窄，并有双重缝印，形态酷似人类左脚穿着皮鞋的鞋印。鞋印内有一条头朝鞋跟部、体长13 厘米的远古鳕鱼化石，标本背面劈开部分，能看到鞋印受外力挤压后形成的砂土粘连层，前部厚 2 厘米，中部厚 1.5 厘米。劈开后的另一块岩石面上，还有一条大鳕鱼，它与鞋印约成90。，埋藏于底部。劈开时大鳕鱼的头、腹粘在鞋印背面，鳕鱼的背、背鳍、尾部均清晰可见。

奇特的化石

这块化石的发现不仅引起了人们极大的兴趣，还使人们陷入了不解和困惑之中。考古人员反复研究这块奇特的化石，眼前仿佛再现了 2.7 亿年前发生这起事件的一幕：那是在二叠纪早期，这里是气候湿润的浩瀚湖区，水中鱼虾成群，水龟出没，恐龙的祖先——原始爬行动物在岸上探头探脑，一条调皮的大鳕鱼趁湖水上涨游到岸边戏耍，当湖水退去时，它已经无法游回，便静静地躺在细软的潮泥里永远地睡去了。又经过了很多很多年，大鳕鱼成了化石。当湖泥还湿润且具有弹性时，一只穿着皮鞋的脚踏在距离鳕鱼尾巴只有半步远的地方，留下了一个注定要在 2.7 亿年后被人类发现的不寻常的印迹。湖水又一次上涨时，一条只有 13 厘米长的小鳕鱼又一次重蹈覆辙，随着湖水游到岸边。不幸的是小鳕鱼偏偏钻进了鞋印里。当水流退去后，小鳕鱼也被永远留了下来。鞋印成了它最终的墓穴。这块吞噬了两条生命的泥地随着不断的沉积，经过了漫长的2.7亿年，鞋印连同鳕鱼形成了这块奇特的化石。

鞋印之谜

令人不可思议的是，这块化石与在美国发现的皮鞋印化石非常相似，其双重缝印的痕迹如出一辙。这又是怎么一回事呢？

"死亡之海" 罗布泊

邻近西伯利亚高压中心，终年风力强劲，黑风暴多发，沙丘移动迅速，可随时掩埋村落、农田、通路……试图探究奥秘的人的失踪、死亡，给罗布泊蒙上了更多神秘色彩。

神秘的罗布泊

1980 年，我国著名科学家彭加木赴罗布泊考察地质，不幸迷失于沙漠之中。之后，数万军民在飞机的引导下从敦煌、若羌和库尔勒三个方向进入罗布泊搜寻彭加木的下落，结果无功而返。又一位探险家余纯顺只身一人横穿罗布泊，壮志未酬，却魂断沙漠。古人的描述和今人的遭遇给罗布泊蒙上了一层神秘的面纱。罗布泊到底隐藏着怎样的秘密？

罗布泊谜团

罗布泊位于新疆维吾尔自治区塔里木盆地东部，面积约3000 平方千米；湖面海拔 780米，曾是我国仅次于青海湖的第二大咸水湖。由于河流改道和常年干旱，湖面逐渐缩小，沿岸盐滩广布。该湖周围虽是荒漠地带，却是古代通往西方的"丝绸之路"通道。

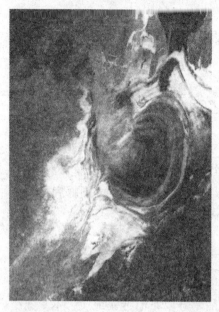

罗布泊的名称历经多次改变。罗布泊在《史记·大宛列传》中称盐泽，在《汉书·地理志》中称蒲昌海。魏晋以后称牢兰海、辅日海、缚纳破、洛普池、罗布池等，至清代称罗布淖尔，蒙语意为"汇入多水之湖"，近代以来始称"罗布泊"。

"死亡之海"

根据中国科学院新疆综合考察队地貌组对罗布泊进行实地调查和卫星照片分析，证明罗布泊不是什么游移湖或交替湖。从第四纪以来，罗布泊就始终没有离开过罗布泊洼地，只在自己的势力范围内进行涨缩变化；至隋唐时期，由于高山冰雪补给的河水径流增大，进入罗布泊的水量也相应增多；到了元代，随着我国西北地区气候日益恶劣，塔里木河的水量变得更少，这时罗布泊的面积缩小到最小的程度。另外，断块地理运动也促成了罗布泊的涨缩变化。

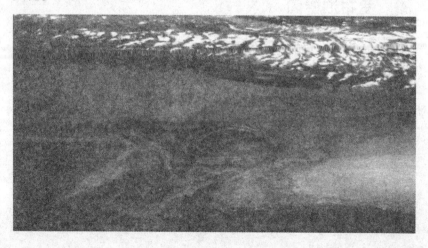

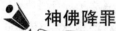

塔克拉玛干之谜

唐 代高僧玄奘曾在他的旅游笔记《大唐西域记》中讲述过曷劳落迦城被沙埋没的奇妙经过。

神佛降罪

曷劳落迦城在媲摩城北，原是一个十分富庶的城镇。但是因这个城镇中的居民不敬神佛，欺凌过往的僧侣，最后惹怒了神佛。7 天之后，一场突发的风暴将全城埋没。全城居民中，只有一户因接济过僧侣，他们的家人被提前告知，修筑地道逃了出来，其余的居民则全部丧命。传说这个被淹没的城市中有许多珍宝，吸引了许多人前往发掘。然而，不论是谁，只要接近曷劳落迦城，就会惨遭不幸。

曷劳落迦败落之谜

玄奘的记录旨在说明塔克拉玛干沙漠的风暴是湮没这一地区古代文明的重要原因。

塔克拉玛干沙漠腹地大风并不多，并且在高大沙丘区，沙丘移动十分缓慢，一年移动距离不足 1 米。所以，人们常说的自唐代以来，塔克拉玛干沙漠向南移动了 80～100 千米的说法是不对的。长久以来，塔克拉玛干新增沙漠化土地不过 3 万多平方千米，即使全部摊到塔克拉玛干南缘，也不过平均 4 千米的距离。这是因为原来就在沙漠中的城镇、道路在废弃后被沙掩埋，于是造成了沙

大慈恩寺前唐代高僧
玄奘的塑像。

漠大规模向南移的假象，实际上，这些遗址南面原来也是沙漠，它们的废弃使南北沙漠合二为一。

大风扩大了沙漠化的危害，在沙漠外围地区，由于风力活动，会使一些低矮的沙丘每年移动几十米至上百米，对绿洲造成严重危害。而且，由于塔克拉玛干沙漠的沙粒十分微细，在很小的风力下就会被吹动。别的地方起沙风速须达到 6 米/秒，而在塔克拉玛干，风速只要达到 4 米/秒时就能起沙，这使塔克拉玛干成为我国西北地区沙尘暴的一个重要策源地。

沙尘暴是塔克拉玛干沙漠地区一种常见的天气现象，在塔中和塔西，每年的沙尘暴时间分别达到 65 天和 60 天。沙尘暴影响范围，少则几百米，多则上百千米；时间短则几分钟，长则一昼夜以上，能见度差时真是伸手不见五指，大有"黑云压城城欲摧"之势。再与一些过境恶劣天气现象相结合时，所形成的沙尘暴更是来势汹汹，规模浩大，常常形成灰、黑、黄色的巨大沙幕席卷而来，大有吞没万物的气势。

多变的天气

塔克拉玛干沙漠中的天气现象丰富多彩。除了日升、日落、朝霞、夕阳，煦煦和风、狂烈风暴等特色外，也可以见到被认为是湿润地区特有的雾、雹、露、霜、雪等种种现象。

雾因水气凝结而生，而在被视为干燥绝顶的塔克拉玛干，一样有大雾天出现，一年中，雾日有三天半。一些学者从理论上探讨过，雹子在极端干旱的沙漠区绝不可能出现，可实际上，塔克拉玛干地区一年中也会有冰雹落下。

在沙漠腹地，一年中有近 10 天的雷暴日，有长达 140～230 天的霜日，甚至有 2 天降雪日，积雪深 1～5 厘米。看到一望无际的大漠一派银装素裹，人们真要惊叹大自然的造化神功了。塔克拉玛干的确是一个神奇的地方。

月牙泉之谜

月牙泉位于鸣沙山沙漠之间的小盆地中，被沙山环抱，南北最宽处 54 米，东西长近 300 米，泉沿向南凹，向北凸，东西两端逐渐变窄变尖，水面形状酷似一弯新月。弓背的北面距泉边十多米处，耸立着高二百多米、峰峦陡峭的沙山主峰。南面是一片距水面几米高的沙土台地。以前，台地上有寺院庙宇、殿堂道观百余所，楼阁亭台鳞次栉比，岸边沙枣树、榆树、杨树蔚然成林，景致壮观而幽雅，有些地方还种植庄稼，足见台地之大。台地后面也是一座高大的沙山，与主峰遥遥相对。

月牙泉不枯之谜

月牙泉处于沙漠腹地却能够常盈不枯，恒久生存，这是由于泉底有逆断层储水构造，属典型的古河湾风蚀残留湖，处于风蚀凹地和新月形沙丘间，因此也叫风成湖。以前鸣沙山中还有几个储水小湖，但都和古河道的大部分一起被流沙埋没，唯月牙泉这片残留河湾地势较高，河流渗漏的地下水汇集于此，又受到周围特殊地形地势的保护，才得以幸存。其水源来自鸣沙山下含水层位置较高的地

下潜流，一般不受外界气候环境的影响，水量稳定，而月牙泉处在古河道河湾残留形成的湖盆洼地中，离潜水较近，容易接受地下水的补给。所以，水面虽小，但底部水路畅通，涟漪荡漾。

月牙泉的守护者

敦煌西南风较多，刮西风时，由于泉附近比较潮湿且以前有植被，近处沙坡低缓起伏，而较远处又为高山所围，所以沙刮不起来，而远处的沙又吹不到泉边。起南风时，泉南有广阔的高台及树木、建筑阻隔，沙子很难落入水中，同时还把北面山脚流泻下来的沙吹卷到鸣沙山上，从而防止了北山脚的沙子涌向月牙泉。起北风时，主峰另一面的沙子飞速地沿月环形沙丘向山梁上滚动，沙子沿山梁上滚，速度迅急，动能很大，所以吹到山背上的沙子速度极快，而临近月牙泉一边的主峰坡度极陡，山脚距泉沿近，再加上山高，所以沙子从山脊骤然飞起，凌空而过，飞越月牙泉，落到了对岸。风越大，沙子落地点距泉越远，而山下因有主峰为屏，几乎无风。这就是"虽遇烈风而泉不为所掩"及"沙挟风而飞响，泉映月而无尘"的原因所在。大自然是月牙泉最好的守护者。

泰山"佛光"之谜

人们对于泰山佛光的传说熟知已久，泰山脚下的居民曾有幸见到过这一景观。人们说泰山佛光是岱岳菩萨显灵，假若登泰山的人能见到佛光，将是一件非常幸运的事。

佛光乍现

佛光像一个巨大的五彩缤纷的光环，呈现在人们眼前。它的彩带显现出红、橙、黄、绿、青、蓝、紫七色，极其绚丽。最外一层的红光圈如斑斓的日珥一样，光彩夺目。在巨大的光环中似乎还有人影晃动。其实这是围观者的影像，当人们激动得手舞足蹈时，光环中的影像也随着活动。这时候，恐怕真是"目睹佛光惊神魂，飘飘欲飞似仙人"了。周遭白云飘忽，雾气氤氲，光环时隐时现，时浓时淡，开合幻化。片刻之后，佛光又会在象鼻峰前的白云洞出现。此时登山的人会越来越多，连刚刚爬上南天门的游客，也顾不得休息，竞相一睹这奇特的景观。

云雾消散了，佛光不见了，只剩下光芒四射的碧霞和熠熠闪亮的天街。佛光出现从清晨7时多到8时多，延续时间约一个小时。人们如梦初醒，依旧留恋地望着天空。虽然碧霞元君把佛光收回去了，但是游客早已经把难得的景观藏入了脑海中。

佛光成因

泰山佛光多半出现在岱顶，从瞻鲁台、碧霞宫至南天门这一狭长地带。它是太阳照射云层或雾层而形成的彩色光环。云和雾都是由空气中颗粒极小的水蒸气凝结而成的，当太阳光照射云雾时，这些小水珠就像二棱镜一样产生折射作用，把原来白色的阳光分解成红、橙、黄、绿、青、蓝、紫七色，就形成了人们所看到的彩色光环。佛光的大小和位移以及清楚与否，都和云雾的浓淡变化有关。看来"佛光"乃是大自然造化出来的奇迹。

泰山不仅以风景秀丽的景色闻名，更以日出、云海、佛光等景观让人心驰神往。